一個人爽遊

東港 小琉球

迷人的海景・生態・散步・美食・人文

洪浩唐——著

目錄。

出版序 南方漁村精彩再發現 曹啟鴻 012

作者序 不是野人也獻曝 洪浩唐 014

小琉球：花漾繽紛的熱情島嶼

十幾分鐘就能繞完的小島，卻迷人得讓人流連不已。
澄淨的海岸、精彩的生態，哪裡還需要出國才看得到呢？

01 熟男的環島壯舉 018

不搭飛機就能享受島嶼假期 018

VIP 等級的碼頭專屬接送 020

可以盡情亂逛的魅力小島 023

跟著景點找路就對了 025

延伸閱讀 發展低碳島的志氣：電動機車代步 027

02 驚豔小琉球潮間帶 028

戀家青年催生第一號民宿　028
中澳沙灘綠蠵龜出沒注意　030
充滿頑童記憶的生態遊程　032
沒去潮間帶別說到過小琉球　033
礁岩淺灘處處驚奇　036
延伸閱讀　危機總動員，潮間帶總量管制上路　038

03 綠蠵龜流連不去的珊瑚島　040

長得像香菇頭的花瓶岩　040
必遊景點：美人洞、烏鬼洞和山豬窟　042
海蝕地形鬼斧神工　045
保護珊瑚生態吸引海豚再現　046
與珍稀海龜輕鬆相遇　049
限制參觀讓龜媽媽安心生產　051
延伸閱讀　保育創舉：禁用刺網　053

04 每個人都找得到自己的秘密花園　056

逆向到離島就業　056
從土法煉鋼走向專業的民宿導覽員　059

私房玩法、野史傳說受歡迎 061
烏鬼洞傳說虛虛實實 062
貝殼沙灘浪漫爆表 063
延伸閱讀 小琉球、東港特色民宿百家爭鳴 066

05 全民運動捲麻花 068

老零嘴瘦身成潮流 068
好口碑帶出全島新產業 069
在網路找到小琉球新「漁場」 070
一根腸子通到底的琉球大香腸 072
跟著野台戲班走的古早味 073
B級美食混搭風 075
延伸閱讀 麻花捲攪動琉球傳統生活 077

06 小島仲夏夜如此溫暖忙碌 078

加入陸蟹的夏季運動會 078
浪漫夜空星圖雲布 080
傳承新世代的涼傘班晚課 081

跟著志工巡守去 083
民間自發的陸蟹紀錄觀測行動 084
小琉球最美麗的人文風景 086

東港：豐饒豪邁的漁家風情

充滿拚搏活力的漁家，讓人目不暇給的漁獲，豐富的吃食美味⋯⋯
這小鎮有著台灣最濃郁的庶民生活情調，等待你再三咀嚼。

07 東港尋味 088
澎湃實惠，華僑市場開眼界 088
海味零嘴、私房美食讓人目不暇給 092
美味小三寶，澎湃、扎實，百元有找 094
海鮮飯湯，在地人最愛的味道 096
慢遊，才能品嘗小鎮的真實滋味 098
延伸閱讀 東港溪畔觀光核心區，變身更好逛 100
08 延平老街歷史散步 102

木日水巷飯湯講古 102
跟著老地圖讀東港故事 104
游向台灣海峽的熱帶魚 107
鮪魚產業從日本時期開始 108
到五字街找老街餘韻 110
不面海的朝隆宮蝦米媽 112
帶財改運的東隆宮黃金牌樓 114
延伸閱讀 從源根治，解決淹水問題 117

09 生猛活跳的東港漁家 118
識貨人夜間拍賣場搶鮮 118
水岸冰塢，帆檣林立的特殊風情 123
東港人對黑鮪魚的愛恨情仇 125
漁夫吃的和你想的不一樣 128
櫻花蝦季節限定 131
高學歷者搶當捕蝦郎 132
華麗變身油魚子 134

10 看見漁村心價值 136

味益用交朋友的方式做生意 136
整合吃喝玩樂的在地小聯盟 138
觀光工廠從風災中再起 140
政益自創品牌開創外銷市場 141
福灣在家鄉打造綠色百年莊園 143
在地食材樂活心料理 145

爽遊再延伸：值得造訪的水都旅程

多走幾步，看大鵬灣的風帆、走林邊的濕地。多來幾遍，訪一年一度的黑鮪魚季、探三年一科的迎王…

11 馭風行水・大鵬灣 148
跨海景觀橋日夜各有風情 148
環灣車道品味海線人文風情 151
帆船基地扎根水上運動 154
12 低地林邊的與水共生之路 156

黑珍珠與石斑魚的故鄉 156
養殖雙認證，打造安心品牌 158
養水種電、以涵養濕地反哺土地 160
延伸閱讀 療癒系的水岸田園輕旅行 162

13 迎王祭典：敬以侍天，誠以愛人的約定 164
神明每隔三年的考核之旅 164
東港七角頭擔綱祭儀 167
全民動員，與故鄉最深的情感維繫 168
小琉球迎王前，要先解密語 169
海上遶巡氣勢驚人 171
親愛懲惡，王爺公是討海人的心靈慰藉 173

14 一尾黑鮪魚對東港的重量 176
黑鮪成為東港代名詞 176
鮪魚季建立全國性品牌效益 178
消費熱潮後的反思 179
從美食推介在地文化 180

附錄：馬上出發！　182
交通資訊／旅遊資訊／景點資訊　180
旅遊地圖：全區簡圖／小琉球地圖／東港市區圖／林邊大鵬灣地圖　186

感謝

王志民（東港區漁會）・王信和（王老師麻花捲）・吳文欽（東港六號民宿）・吳儷嬅（藍色東港溪保育協會）・林美華（小琉球夢幻漁村）・翁昆池（銀放索養殖戶）・陳進成（東港文史工作者）・陳錦超（林仔邊自然文史保育協會）・許主龍（大鵬灣國家風景區管理處）・許峰嘉（福灣莊園）・許華仁（福灣莊園）・曾志宏（聯聖工程）・曾國智（小琉球幸福海景民宿）・曾毓文（小琉球生態旅遊發展聯盟）・楊忠城（保育警察）・廖志峯（大鵬灣國家風景區管理處）・蔡文財（琉球鄉公所）・蔡佳益（政益食品）・蔡誌山（東港文史工作者）・蔡陽春（小琉球夢幻漁村）・蔡寶興（琉球區漁會）・鄭志豐（鄭記香腸）・鄭婉阡（林仔邊自然文史保育協會）・劉祖修（小琉球幸福海景民宿）・劉凱芬（味益食品）・謝貴蘭（味益食品）・蘇煌文（木日水巷人文空間）

熱情提供寶貴意見，讓本書得以順利完成。

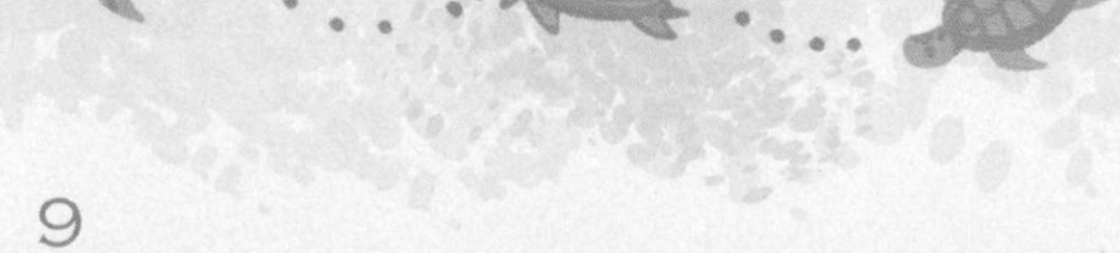

小琉球 東港 林邊 大鵬灣

八月	九月	十月	十一月	十二月	全年適宜

(4/15~10/15)

潮間帶夜間活動(10/15~4/15)

浮潛(颱風寒流除外)

(5~9月)

遊潟湖(候鳥跟著船尾飛)(12~3月)

陸域生態導覽

觀星

賞綠蠵龜

黑珍珠蓮霧(12~5月)

後寮溪漁家風情

櫻花蝦拍賣(11~5月)

油魚子

魚市場大型魚拍、夜間魚拍

後寮溪漁家風情

迎媽祖(農曆9月)(馬、鼠年六年一科)

迎王祭典(10月)(牛、龍、羊、狗年三年一科)

賞帆船、玩風浪板

鵬灣大橋光雕秀(每天)開橋(例假日傍晚)

觀賽車(每個月均有賽事)

玩卡丁車

>>>東港・小琉球　人文生態四季慢慢遊

	一月	二月	三月	四月	五月	六月	七月
爽遊生態	潮間帶夜間活動(10/15～4/15)			潮間帶日間活動			
					夜間觀測		
爽遊人文	遊潟湖(侯鳥跟著船尾)(12～3月)				黑鮪魚(5~6月)		
	黑珍珠蓮霧(12～5月)						
	櫻花蝦拍賣(11～5月)						
特殊活動		觀音誕辰 2/10					

南方漁村精彩再發現

提到對漁村的想像，似乎總會連結到蕭瑟的老人與海的畫面。然而來到東港和小琉球，肯定顛覆許多人對「漁村」的刻板印象。漁源枯竭、從業者斷層等問題，以致漁村凋零的情況各處可見；這兩個擁有深厚歷史的漁村也遭遇了同樣的問題，然而它們從漁業現代化、文化觀光、生態旅遊、休閒產業等不同面向巧妙轉身，展現多元的豐沛活力和獨特的海洋風采，而成為近來受到歡迎的旅遊去處。

彼岸的小琉球原本就有非常豐富的自然生態，無敵的純淨海灘和淳樸的人文風土讓人非常放鬆，使得這幾年觀光發展非常蓬勃。旅遊人潮對生態可以是補藥，也可能變毒藥，我們的做法是追求保育與觀光間平衡發展，包括實施收購刺網、小琉球三海浬內海域禁止刺網作業、潮間帶遊客總量管制、推動電動車低污染交通、規劃污水處理系統等措施，而當地居民也體認到環境資源永續經營的重要性，願意響應與投入。短短幾年時間，綠蠵龜數量成長、海豚在附近海域現蹤、研究人員還發現新物種，而這些保育措施讓近海小魚變多，漁獲也因而成長。

海這岸的東港林邊擁有完整的漁業經濟產業鏈，從最前端的造船、製冰，到漁產冷凍、加工甚至養殖，無不齊備。在東港可以發現，生鮮乾貨琳瑯滿目，海味美食讓人驚豔，但我們期望透過打造一個充分展現海洋產業文化與人文風情的環境，讓更多人深入東港小鎮肌理挖掘驚奇，因此縣府推動華僑市場改建、打造東琉碼頭景觀、更新候船空間和動線、遷建貨輪碼頭、並改善東港地區的淹水問題。

而這幾年來，林邊的石斑產銷班從水質和養殖技術提升著手，打造雙認證優質水產，東港櫻花蝦產銷班以高度技術成為季節限定的高值漁獲；不僅如此，東港的鄉親從漁產加工、觀光工廠、生態莊園切入，以創意研發新產品、開創新服務，也都讓東港的漁村內涵更加精采豐厚。

無論你嚮往的是有著濃厚歷史的人文漁村，還是是清新多彩的自然海域，都歡迎到南方的東港小琉球走走，會發現，一切都豐富有趣得超乎你的想像！

屏東縣長 曹啟鴻

二〇一四・十一

不是野人也獻曝

我試著想像，當遊客們計劃著前往小琉球玩時，心中一定也是懷抱著自由、奔放的嚮往吧？

還記得第一次前往該島嶼前，曾聽去過的朋友說，那是個騎機車只要十幾分鐘就可繞一圈的小島。坦白說，當時我心裡頭頗為納悶：那剩下的時間怎麼打發？但到我真正登島、並騎著機車開始「環島」時……，沒錯，延著海岸線繞一圈只消十來分鐘！但重點是，你可能會像上了癮似的，沒日沒夜地（如果時間許可，你一定要留下來過夜！）、忘情地繞了好幾圈還嫌不夠！

又或者，你會像個發現新「大陸」（好吧，我承認這個詞可能有點語病）的人，對小琉球的潮間帶、珊瑚礁、綠蠵龜等自然生態，感到驚豔。而待你被陣陣的烤魷魚、香腸的香味弄得猛吞口水；或迷惑於怎麼滿街都在賣麻花捲時，這可能會提醒你：小琉球可沒傳說中的那麼「小」——作為一個觀光島嶼，除了悠閒浪漫，她也可以是豐富的。

說到豐富，我們來到東港。事實上，我對東港的好奇，一開始自然也與這小鎮的豐饒有關。在人聲鼎沸的華僑市場、忙碌壯觀的東港漁市場——這都翻轉遊客對「漁村」的想像。而當你遊逛至「豐漁橋」

上，望著一邊是小船、閩式古厝組合而成的嫵媚水岸風光；一邊則是檣帆林立的漁港景緻——則不免讚嘆這小鎮的氣象萬千！

又或許，當我們走在延平老街上，聽著知識淵博的地方文史工作講述著東港的掌故，來趟歷史巡禮時，你也可以發現，東港可也十足是個「有故事」的小鎮。而稍有經驗的旅人應該都會同意：通常有故事（有歷史）的地方，小吃也特別發達——當遊（饕）客們對著一碗「琳瑯滿目」的飯湯嘖嘖稱奇，細數這裡頭究竟加了幾種「好料」時，想必會對這種說法頻頻點頭。

然後我們來到充滿現代化、國際化意象的大鵬灣，園區內正加緊開發的腳步，其姿態真的像是展翅待飛的大鵬！而順著大鵬灣來到林邊，我們將會看到昔日以海產「俗擱大碗」聞名的小鎮，歷經風災水患，如何浴火鳳凰，成為現在的熱血小鎮的動人故事（而海產價格卻也依舊令人驚豔）？

黑鮪魚季、迎王祭典是人們在尚未到此一遊前，對這裡的「刻板印象」。雖然這些印象對當地人而言，有時充滿驕傲，有時則是誤解；但當遊客親自參與這些在地盛典、並體驗其魅力時，應該會有屬於自己的感動，以及另一種知性的領悟。

關於旅遊書寫，我常常聯想到：古代那個「野人獻曝」的故事，很可能就是現代人們常說的「小確幸」的原型吧？差別只在於，昔時那位鄉野農夫欲貢獻自己曝日取暖的幸福感的對象是君王；時空轉換，到了資訊爆炸的網路時代，那些每每以虔誠、專注之姿，對著一盤盤街邊小吃按下快門的旅遊部落客（達人或素人）們，所欲分享的對象，與其說是網友，更多的成份，恐怕更是一種「自我實踐」的成就感。

尤其到了社群網路發達的今日，幾乎可說是個人人「獻曝」的時代了。而因為生活中種種個人的「幸福體驗」受到珍視，人們在分享之餘，對於「獻曝者」也不再以「野人」視之。或至少，將「野」的定義，從「粗俗、不雅」，改為「自由、奔放」吧！

本書是我對東港、小琉球的漫遊報告，裡面有自己的淺見，更有走訪當地人士的心得。不管您是否來過這兩個地方，希望經過我的一番「野人獻曝」，會讓您看到一個也許跟過去不太一樣的東港、小琉球。或至少，讓您有了一個拎起背包出門的動機！

所以，歡迎您現在就先跟著我的書寫，來趟東港小琉球旅程吧！

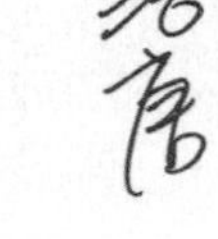

小琉球

花樣繽紛的熱情島嶼

01 熟男的環島壯舉

騎著機車在小琉球閒晃，很容易就會產生一種「島」的感覺？當你沿著海岸線，迎風奔馳了十幾、二十分鐘，再度回到原點，就會有一種：「我現在正在一座島上喔！」的聲音打心裡頭緩緩浮現。這微妙的意念才剛起，你彷彿又想起方才途中某處景點未及細看？於是你並不調頭地，直接往前又騎了一圈——不知不覺中，又完成了一趟環島壯舉了，喔耶！

不搭飛機就能享受島嶼假期

到小琉球時是南台灣一個尋常的豔陽天，雖然才五月天，但從台北搭高鐵一路南下左營，你可以明顯感受到島國氣候的「南」、「北」分明——南方的溫度已經十足是個夏天了！儘管當地人總會一派輕鬆地、並不時露出「這有什麼好大驚小怪」的表情地告訴你，這天氣離「真正夏天」還差得遠呢！

才出高鐵左營站的二號出口就可以看到墾丁快線售票亭。在售票口前，此時你就可以看見許多身著T袖、海灘褲的遊客們，把握著出站跟陽光正面接觸前，紛紛把墨鏡、遮陽帽給戴好，講究一點的，防曬油早就該塗抹了。雖然到小琉球還有一段路要走，但心情上此刻已經準備好要去度假了！

從高鐵站要到小琉球，除了搭乘墾丁快線，到大鵬灣下車，再前往東港碼頭搭船外；還可以搭乘計程車直接前往東港碼頭。在南部有專跑市郊景點的計程車，司機接受揪客共乘。到東港車程只需約半個鐘頭；至於車資，上車前記得好好議價，視共乘人數而定。

往返東港與小琉球的船班密集，交通便利。

前往小琉球的船班，現在有公營和民營兩種選擇，班次都刻意錯開，所以往來頻繁非常方便。但即便如此，每逢週末、假日，碼頭還是常常大排長龍。這些年小琉球的遊客人數變得越來越多，這和前往小琉球的船隻變得舒適又快捷有很大的相關，航程只需三十分鐘左右。

VIP 等級的碼頭專屬接送

雖然知道到小琉球的交通工具以機車為主，但初來乍到，去哪弄部機車？怎麼到達住宿地點？想到即將來到陌生的島嶼，有太多的未知。

「小丑魚！」面對我多如滿天星斗的疑惑，民宿主人在電話那頭一派淡定地告訴我：「下船後，看到手舉小丑魚牌子的人，跟著他就會帶你到我們家。」

我心想，幸好我還知道小丑魚長什麼樣子！

但還是不太放心地再問：「可是⋯妳確定等一下碼頭上只會有一隻小丑魚嗎？」我腦海中浮現的，其實是一群熱帶魚在海中悠游的景象。老闆大概一時也覺得這個問題有點莫名其妙，於是也只好陪笑著回答：「呵呵，應該是吧！」

這次我所搭乘的是民營渡輪，停靠在白沙尾碼頭。

船靠上碼頭時，果然看到出口處有好多手舉各式牌子的民宿、租車業者；這就好像在機場剛入境時，你會看到許多接機的人，手持寫著賓客姓名的牌子一樣。因為來的人可能是專程接送一組客人，馬上就有 VIP 的感覺出來。而且，幸運的是，我只看到一隻小丑魚！

民營渡輪停靠的白沙尾港是小琉球對外最早開發的漁港。

來接我的年輕人帶我到碼頭附近的電動機車出租場取車。大多數的民宿業者都有搭配機車出租的服務，實際居住人口不到一萬人的小琉球，全島登記車籍的摩托車竟超過一萬四千輛！我租用的是一部電動機車，車行老闆除了跟我示範電動機車的充電和操作方式，非常認真的確定我真的會騎機車並有機車駕照，才鄭重把車子交給我。

台灣是個幾乎人人有機車的社會，來到小琉球才發現這是外國人來此的一大門檻。小琉球近幾年成為觀光熱點，吸引了不少港、澳、陸客。不少外籍遊客甚至不懂什麼是機車，要不就是有駕照卻不會騎，所以就會在碼頭出現試騎得歪歪斜斜的畫面。雖然當地也會提供腳踏車，但小琉球雖然不大，可也是高低起伏、有山有海，騎腳踏車環島對我來說是滿累人的！

可以盡情亂逛的魅力小島

離開漁港，經過了充滿遊客以及插滿各家廟花捲廣告旗的街道、怪石林立卻柳暗花明隱約可見海岸線的環島公路、路邊搭起酬神歌仔戲的戲台。一路清風拂面，沁人心脾，遊途的勞頓，此刻已全然消失；車行到制高點，往下望著錯落有致的屋舍，分明又是一片山城風光。早先些微的緊張，很快被我的好奇心所取代。還沒到達民宿，我卻感受到這趟旅程已然展開的愉悅！

民宿老闆告訴我，她們旁邊正在擴建，要趕在暑假之前完工，以迎接旺季的人潮；白天可能會有點吵，希望我能見諒。日間我大概都會在外面逛，應該影響不大。小琉球的民宿，因為觀光突然變得熱門，近幾年來已由幾十間暴增至現在的兩、三百間，現在我總算親眼見識到了！

琉球鄉是一個略呈長方型的小島，北寬南狹，繞一圈大約為十二公里，初來乍到，先沿著海岸線逛上一圈吧，想說先記下驚鴻一瞥的景點，這幾天再慢慢來玩。不消二十分鐘就完成了環島壯舉了！小琉球的「小」是一種魅力，她給遊客有種不易迷路，所以可以盡情亂逛的安全感；而小琉球的「大」又是另一種魅力，她滿足了人們猶如置身於大型遊樂園般的過癮！

跟著景點找路就對了

騎著機車在大街小巷閒晃是發現小琉球的另一種樂趣，路上會發現各種不同年齡層來到這裡眾生平等的成為機車騎士。然後會在某個三岔路口，遇到幾位歐吉桑、歐巴桑，雙載的騎著機車，重回青春般興奮地討論該走哪條路；也會在便利商店門口，碰上幾個大學生模樣的年輕人，一邊滑著手機，一邊對一旁的同伴說：「咦？他們不是在LINE上要大家在小7碰面嗎？莫非……吼！為什麼我們會認為小琉球只有一家小7啊？」

每個遊客在這裡騎車找路，似乎都變得天真可愛！

而說到找路，小琉球的道路上雖有路標，但路標上並不標示路名，而是只標注景點。當你手上有某個門牌地址時，最好再對照地圖看看此地址附近有何景點，這樣比較容易找到。不過本地的路名，除了幾條具有當地特色，例如：肚仔坪路、美人路、本漁路等，大多跟台灣島內的路名頗多雷同——中山路、中正路自是不用說；三民路之外，另有民族、民權、民生；忠孝、仁愛、信義、和平，一個也不缺。

小琉球人大多古意又熱情，若遇到外地人問路、找人的目標是自己認識的，往往會毫無戒心地告知，甚至帶路。我心想，那些有志「跑路」的人，可得打消逃往小琉球避風頭的念頭！

小琉球隨意的路邊標誌都讓人有魔法森林的感覺。

延伸閱讀

發展低碳島的志氣：電動機車代步

屏東縣政府在小琉球推動電動機車。初期有觀光局補助經費讓綠島和小琉球試辦成為低碳島。試辦階段有三百部電動機車，由易維特公司以電池交換的模式運行兩年。觀光局的計畫雖然已經結束，但在縣府輔導與鼓勵下，現在仍持續與當地的民宿業者合作，搭配民宿套裝行程讓遊客使用，在部分民宿內也設有充電柱可供使用。除此之外，包含中華汽車與建發科技等業者也都計畫到小琉球推動電動機車。

想讓電動機車成為小琉球的交通主力，通常最先考量到電池續航力的問題；其次是馬力的問題。目前整個小琉球環島十六公里的路線上，分別在碼頭、烏鬼洞、美人洞以及市區設置了四個電池交換站，讓民眾可以交換電池。而民宿內的充電柱的設置經費也是由業者吸收。一顆電池大約可以在時速二十公里下行駛半天以上，車上還會搭載備用電池，因此續航力部份在小琉球目前可說是沒有問題的。

電動機車充電十分方便。

02 驚豔小琉球潮間帶

「以前完全沒有景點規劃，連一些步道、什麼的都沒有，也沒準備要發展觀光吧！遊客也都是一日遊，因為以前的交通船慢，時間長，柴油味又臭，所以總是一路吐到這邊來。然後設施不完善，又一路曬太陽，一直曬進小餐館。餐館有時沒有冷氣，所以，又一路罵回去，邊吐邊罵，然後就發誓一輩子不要再來。」雖然現在搭船還是很曬，我上島之後看到的小琉球藍天碧海，白牆綠樹景象，跟曾毓文形容的完全不同，這些描述聽起來就像是上古時代的故事。

戀家青年催生第一號民宿

跟我說這故事的是在琉球土生土長的曾毓文，十三年前在小琉球開了第一家民宿，他回想當年尚未開始經營民宿前的狀況。「當初我跟父親說要開民宿的時候，他把我罵死了！」

小琉球的漁港擴建，新穎渡輪投入後，交通品質大幅改善。

曾毓文想要經營民宿基於很簡單的想法，「就是沒工作啊」。當時他剛退伍，家人不希望他離開家鄉；曾毓文的父親是討海人，「討海人都會希望孩子以後不要跟他做一樣的工作。他會告訴你要好好的讀書」。

在小琉球，國中畢業後就得到台灣升學，曾毓文知道一旦習慣台灣的生活，要回來的機會就更少了！這似乎是所有離島小孩的宿命。他說，有一天看電視，看到別人出國留學、又看到還有一種叫做「遊學」的旅遊方式，就是三個月、半年那種短期的，住在寄宿家庭裡，在國外那個叫做「民宿」……。原來，看電視真的能令人增長見聞，不一定是浪費時間。

「我心裡就想說：民宿，就是讓外國人住的，而在以前台灣本島來的人，給我們的感覺就是搭船來的『外國人』啊！我自己就想，小琉球這麼好玩，可以讓遊客住在這裡。」這讓他福至心靈的動起開民宿的念頭。

現在琉球民宿呈現百花齊放，盛況完全出乎當時的意料。曾毓文說，他原本的想法是小琉球生活壓力不大，開間民宿一個月賺萬把塊，日子就可以很好過了！而且住自己家，生活開銷也不大。這個如意算盤被曾爸爸潑冷水說，來這裡玩的人都當天往返，沒有人會住在小琉球！但是既然下了決心，就不能輕易打退堂鼓：曾毓文的「民宿大夢」所面臨的第一個問題就是：如何讓來小琉球的遊客留下來過夜呢？

中澳沙灘綠蠵龜出沒注意

曾毓文是從高中帶同學到家裡玩的經驗，從中找到了靈感：「我在台南

清澈見底的海域是小琉球最大的魅力。

唸高中，那時我是班上唯一的琉球人；自我介紹時，我說家鄉多美麗、多好玩，大家都不信。我就邀他們來玩一次，並保證如果不好玩，『我隨便讓你們打！』」以前那個時代只有公共電話，曾毓文的班級旅遊辦得非常成功，那天晚上，他家附近所有電話亭都是他同學在排隊，大家都打電話回去告訴家人說小琉球有多好玩！曾毓文說當時也不懂什麼叫做「生態旅遊」，只是把人帶到中澳沙灘，就整天都在那邊玩而已，大家就高興得要命！

中澳沙灘就在白沙尾觀光港旁邊，是小琉球最知名的沙灘。十多年前觀光港都還沒有興建，整個海岸比現在更開闊。這裡的海岸線平緩，白沙遍佈，是距離島上最熱鬧的三民路商圈最近的沙灘，不但遊客愛來，不少偶像劇也都曾來此取景。這裡海面清澈見底，浮潛、潮間帶生態導覽等許多海濱遊憩活動也都在這裡進行；最特別的是，中澳沙灘是全台灣唯一能在岸邊看到綠蠵龜的地方。

充滿頑童記憶的生態遊程

曾毓文從小就常常看到綠蠵龜。一開始他不認為這種經驗有什麼了不起。「我家是討海的，凌晨兩、三點就要幫爸爸扛漁具、並把竹筏推到海裡面去。那時剛好是海龜產卵的時候，看見牠們會在林投樹下挖一個洞，然後就把蛋下在那裡。」

他到台灣唸高中，第一次跟同學到海邊去玩才發現，原來台灣的沙灘沙子——

是黑色的、海水是黃色的，然後在那邊站了半個小時，根本不敢下水！因為在小琉球，下海是不用戴蛙鏡，眼睛是可以直接打開的！但和台灣同學相處下來，分享了彼此的童年經驗，讓曾毓文發現家鄉自然生態資源的珍貴。

他回憶自己的「頑童歷險記」：「小時候放假。下海可以抓到魚、螃蟹、蝦姑，好大一隻蝦姑竹子插著就可以現烤現吃！而且不一定要潛水，在潮間帶就抓得到了。我會把火柴棒藏在林投樹下。餓的時候就下海去抓東西來吃、撿漂流木來生火。而到山上去除了玩，很容易抓到甲蟲、蟬。身上會帶一個空的奶粉罐子，肚子餓了就採些山柑橘、桑椹或芭樂之類的。再不然就是去偷摘芒果、偷挖地瓜，再讓阿婆拿著棍子在後面追！」這些小琉球人的兒時記趣，都成為生態導覽的靈感。

小琉球孩子們的頑童記憶，在曾毓文和越來越多的民宿主人動腦規劃下，一個個變成潮間帶探索、夜間觀測、星空解說、陸域導覽到人文之旅，再加上原來就十分受到歡迎的浮潛等水上活動：現在小琉球島上的活動多、行程豐富、選擇又多樣，來小琉球要考慮的不是要不要過夜，而是得考慮要在當地停留幾天才能盡興了！

沒去潮間帶別說到過小琉球

然而來到小琉球如果沒去走走潮間帶，回去很難跟朋友交代說你去過。來小琉球之後就期待著這個行程；這天民宿的老闆說要帶我們到潮間帶，房客

小琉球海水澄淨，潮間帶生態豐富。

們大大小小馬上振奮了起來！

去潮間帶要換穿膠鞋，千萬不能穿拖鞋。原本我以為去潮間帶玩是赤足走在泥巴上面，後來發現小琉球是珊瑚礁地形，潮間帶都是在一大片坑坑洞洞、凹凸不平的礁岩上頭，所以除非你有赤腳爬刀梯的本事，否則還是要乖乖換鞋，以免出師未捷，還沒開始玩就割傷腳底！

小琉球幾乎全島皆可觀賞潮間帶生態，但以杉福生態廊道、肚仔坪潮間帶、漁福潮間帶面積較廣，到訪旅客也較多，全年皆可觀賞。我們將要前往的是肚仔坪潮間帶。一行人騎著機車，跟著導覽員，走在羊腸小徑，穿過重重樹林後，眼前出現大片海灘，此時正值退潮，所以再往前就是潮間帶了！

踏進水僅深及腳踝的潮間帶，最深處尚不及膝，雙腳頓覺冰涼暢快。跟著導覽員的腳步慢慢前行，很快地會發現，清澈見底的海水下面，一個個巴掌大小的岩洞，正佈滿一隻隻烏黑透亮的海膽，成千上萬地，好不壯觀。一群人忙不迭的彎著腰像農夫耕田似的，仔細查看水面下還藏有什麼寶貝？導覽員有如雷達搜尋般掃瞄一圈，發現了不同的物種馬上請大家靠攏，來個機會教育：「這是海參，牠們會噴水，現在看起來沙沙的，是因為他們可以吞食底質泥、沙以攝取其中的養份」、「這是海兔，牠如果受到驚嚇就會流血，這樣可以嚇退敵人，算是他的一種保護色吧？」、「這是陽燧足，牠的腳跟蜥蜴的尾巴一樣，斷了還會再長喔！但是小朋友，我們的腳斷了會不會再長？不會對不對？所以不要自己亂跑喔！」

下潮間帶前記得穿上膠鞋，以免受傷。

礁岩淺灘處處驚奇

正當你沈迷於此奇觀和導遊認真而不失風趣地講解地形、地貌以及各種會令遊客驚呼連連的海洋生物時，猛一抬頭，只見眼前是一望無際的波光瀲灩；再回望岸邊的大型礁岩，遠遠地聳立在水中，彷若攬鏡自照的美人，連著其倒影，顯得瑰麗而風情萬種！此情此景，難怪導覽員會說，常常有遊客在潮間帶玩得「樂不思蜀」，不知潮水之將至，還得不斷地提醒大家注意時間，該往回走了！即使原本興趣缺缺的人，不甘不願跟著導覽員下了水之後，過了一兩個鐘頭，竟很難把他們「勸」離那片生機盎然、從魚貝、螃蟹、藻類、海膽、海葵、海星⋯讓人一路驚奇的礁岩淺灘！

這些活動、行程的規劃實在太成功、太受青睞了！這幾年遊客蜂擁來到小琉球，民宿也就如雨後春筍般，一家接著一家蓋起來！從早期的乏人問津，到現在「東琉航班」的一票難求。不過生態環境資源畢竟有限，以前擔心遊客少，現在則是人多到必須進行潮間帶人數控管。

潮間帶擠滿人潮的恐怖景況，對生態是超量負荷與破壞。小琉球觀光發展協會會長鄭志豐跟我說，「若夏天去潮間帶看看，整個滿滿的都是人，簡直就是毀滅性的破壞！」因此當地民眾開始展開自律行動：二○一三年協會就與小琉球其他團體、民宿業者協商並達成共識，約定從十二月到三月之間讓潮間帶休養，實施後的成果業者配合率達到九十%以上！不過冬季小琉球遊客原本就比較少，這個行動只能算是本地業者自覺的第一步。

小琉球的潮間帶很容易就能看到巴掌大的各種海膽，別忘了只能看，不能抓走！

延伸閱讀

危機總動員，潮間帶總量管制上路

屏東縣政府二〇一二年先選定在杉福潮間帶劃設管制示範區，進行人員總量管制。限制在退潮時間的四個小時之間，同一個時段最多三百人進入。杉福生態廊道位於杉福漁港旁，屬琉球嶼西側。根據屏東縣政府委託學術單位長達一年半的追蹤調查，發現島上包括杉福潮間帶在內的四處主要供遊憩的潮間帶區域生物族群數量，已經下降到僅有其他潮間帶地區數量的二十分之一，除了海參、海膽，幾乎沒有其他生物了！情況若再不改善，環境與遊憩品質將急速下降，很多生物也會滅絕，然而這也顯示了潮間帶人為干擾多到已經對生態造成危害。

目前遊客總量管制示範區的作法是：示範區內遊客人數設上限，遊客必須由領有許可證的領隊和解說人員帶領才能進入示範區，而且必須在規劃的動線內活動，達到恢復潮間帶生物族群數量及海洋資源保育目的。示範區公告限制所有動物通通只能看，不能抓，當地部份在潮間帶挖拾螺貝類為生的漁民生計受到影響，所以一開始曾引起相當大的反彈。

保育警察楊忠城說，當初說服漁民接受費了相當大功夫，因為管制範圍只劃設局部，而且小琉球居民關係緊密，漁民大都有親友是從事觀光行業，生態破壞等於斷了觀光業的生計，漁民兩相權衡也就同意了。

示範區從二〇一二年七月公告管制到二〇一三年底一年多時間，成果豐碩。楊忠

楊忠城

城開心的說，杉福潮間帶的遊客人數約減為往年的三分之一，潮間帶生物族群量較往年有緩緩成長的現象，監測後發現很多生物都回來了，包括原來不常見的硨磲貝也出現了。這些都是整個潮間帶的生物指標。

繼杉福潮間帶之後，漁埕尾潮間帶管制示範區也在今（二〇一四）年七月正式實施，限制人數比照杉福潮間帶一樣為三百人，往後考量朝小琉球全部四到五個潮間帶進行分區管制。屏東縣府也表示，將與小琉球居民、業者充分溝通，將遊客的遊憩行為納入管理規範；畢竟，小琉球維持目前觀光發展的成果，就必須共同維護生態永續，不能殺雞取卵，只消耗而不涵養自然資源。

03 綠蠵龜流連不去的珊瑚島

台灣十四個離島裡面，小琉球是唯一全島由珊瑚礁所構成；而全世界只有七個面積超過一平方公里的珊瑚礁島，小琉球也是其中之一。最能代表小琉球的花瓶岩就是一塊隆起的珊瑚礁岩。沒有珊瑚也就沒有小琉球，珊瑚的生態對小琉球而言，是島嶼是否還活著、還會呼吸的指標！

長得像香菇頭的花瓶岩

在小琉球這麼慵懶放鬆的地方，也不一定什麼事情都要有人帶，幫你導覽。有車在手，自然就會想要騎著四處「落落蛇」。我試著從島嶼北方的大鵬灣國家風景區琉球管理站出發，逆時針繞著島嶼走一圈，這麼一圈就能走遍大自然運用珊瑚礁地形在小琉球打造出奇石崢嶸風格迥異的風貌。至於為什麼要逆時針？是沒人這樣規定啦！不過當我們習慣靠右走時，逆時針的方向，恰好都能一直沿著靠海的一邊前進，這就好像搭飛機時，喜歡靠窗或靠走道一樣。不喜歡靠著海前進的，大可以順時針繞，反正這是個自由國度嘛！

出發第一站到花瓶岩，它就位於大鵬灣風景區管理處琉球管理站旁的海面上，許多小琉球的旅遊書大多以它當封面；因為距離港邊不遠，出入船隻看到花瓶岩就知道小琉球到了。很好奇為什麼不叫香菇頭？當地人說因為瓶口有許多植物，看起來像是插了花草的細頸花瓶。

許多人到小琉球更是一定要來此拍照以證明自己到過小琉球，尤其最喜歡跟花瓶岩玩「借位」拍照的遊戲，就像大多數的遊客到了比薩斜塔前，會作出種種撐住或推倒斜塔的動作一樣。來到此地，你會看到許多遊客站在鏡頭前，對著花瓶岩作出接吻、作鬼臉等等奇怪的動作——或許你也是其中的一份子，而希望你可以開發一些較有創意的怪動作。平時會有浮潛活動以此地作為上下岸的出入口；而退潮時則有許多遊客在花瓶岩下戲水。雖然越來越多人會喜歡在知名景點前做出前述一些KUSO的小動作，但是千萬別像先前有人來到這邊為了拍照燒鐵絲絨之類的破壞舉動，或者白目的跑去攀爬。不知為何，總是有人喜歡在珍貴的自然風景前做出惡劣的行為。

必遊景點：美人洞、烏鬼洞和山豬窟

沿著環島公路前進，接下來便到了美人洞。此處有名的是珊瑚礁奇石地形，也可以聆聽海濤陣陣，走到高處也可以欣賞清澈見底的海面，裡面有很多個岩岸奇石形成的景點，像是：曲徑探幽、天外天、蝙蝠洞、情人坪、仙人洞、仙人泉、怡然園、迷人陣、一線天、榕岩谷、寧靜谷、望海亭、還有美人洞等。此處會被稱作「美人洞」，傳說是因為：明萬曆年間，蘇州有一佳麗，跟隨父親乘船北上就任官職，卻不幸在海上遭遇船難。所幸這女生浮於船板飄流到小琉球，後人遂名其棲息之所為美人洞。

傳說真假早已不可考，但遊客到了這個風光明媚的地方，不妨姑妄聽之，暫時享受一下「難得糊塗」的悠閒吧！另外，值得一提的是，這裡遍佈許多具有七〇年代風格的「名人提字」，於今日的美學標準，雖恐有「煞風景」

美人洞奇石小徑蜿蜒，漫步其間有柳暗花明又一村的趣味。

之嫌，但對成長於該年代的中年遊客而言，卻頗能發思古之幽情。

過了衫福漁港就是山豬溝了。相傳這兒曾有山豬精出沒而得名，就不知那隻山豬是搭乘什麼交通工具到這島上的？雖然叫做溝，但其實是在一個小山上，沿著步道可以欣賞珊瑚礁岩地形的自然景觀和生態。步道兩側遍植芋葉，每當陽光自樹林間隙灑下時，萬千芋葉構成層次分明的光影律動，蔚為奇觀，頗有「魔法森林」的Fu，躲避炎炎日曬是個不錯的選擇。

進入美人洞、山豬溝和烏鬼洞是需要購票的，現在這三個景點由琉球鄉公所管理。烏鬼洞從以前到現在都流傳著各種傳說，靈異故事不少人愛聽愛講，所以版本也不少，這裡與美人洞在同一個時代開發，也一樣有著相同風格的書法提字。

山豬溝步道光影交疊，綠意盎然。

海蝕地形鬼斧神工

繞到島嶼的東南，在環島公路旁有紅蕃石、觀音石、老鼠石及厚石裙礁一系列的珊瑚礁岩。這些珊瑚礁岩皆因形狀神似而得名。紅番石因為乍看像帶著頭飾的印地安人而得名，但是近年來，有人發現紅蕃石外形看起來竟然也與南部某市長頗為神似，故又被稱為「花媽石」。而這片海岸的厚石裙礁則是大片的海蝕平台，受到海水的侵蝕作用，全區海蝕平台呈現凹凸不平的狀態，亂石崩雲，渾然天成。此處景色雖十分遼闊而美麗，但厚石裙礁上仍屬崎嶇難行之地、在其間活動頗具危險性，故遊客大多立於岸邊的公路上拍拍照、純欣賞！

回到白沙尾港前還會經過龍蝦洞，在島嶼東北方，為一具有眾多海蝕溝、岩洞、壺穴等自然景觀。顧名思義，這地方以前一定盛產龍蝦，因為，這裡的岩石，看起來可一點都不像龍蝦！另外，此處的海蝕溝既寬且深，每當海浪灌入溝中，潮聲如吼，十分壯觀，故此地亦為一聽濤觀潮之極佳處所——只是其濤聲究竟像不像龍吟？恐怕也只有看過龍的人才知道吧？

珊瑚帶給琉球非常豐富的自然景觀。牠是一種動物，體內有共生藻，當環境不適合時它們就分離，珊瑚就會產生白化現象，但白化並不代表死亡，只要環境適合後它們就又恢復共生關係。而珊瑚也是一種群體生物，當環境不適合，它就會從外圍往內消滅下去，但只要有一隻珊瑚蟲存在，當環境適合時珊瑚藻就會回來，會分裂生殖，把地域佔滿。而只要環境適當，珊瑚甚至

老鼠石和紅番石形狀非常傳神。

可以活幾百萬年，一直存活下去。想想看，整個小琉球島是從不知道多久以前的一隻珊瑚蟲開始的，真的滿驚人的。

保護珊瑚生態吸引海豚再現

常見的珊瑚大致可以分類成三種：一種是石珊瑚，也就是造礁珊瑚（可以造礁保護陸地）；另外還有形狀像海葵一樣，會漂，摸起來像海豬肉的軟珊瑚；以及柳珊瑚。柳珊瑚又分兩種：一種是深海的紅珊瑚，也就是寶石珊瑚；

另一種是可以在海灘上撿到紅色樹枝狀的珊瑚。因為有聚魚（吸引魚群）的功能，所以珊瑚群體數量越多，海域生態也越豐富，直接影響魚群的多寡。

小琉球的珊瑚生態吸引不少人來這裡浮潛或潛水，不敢下水的人還有海底景觀船可以選擇。但是當地人會非常惋惜地告訴你錯過了早年的珊瑚生態盛況。「早期小琉球的珊瑚非常漂亮，還記得我小時候，從沙灘下去珊瑚很多、魚群也很多、很漂亮，就像我們在電視上國外影片看到的那樣。」

第一次上小琉球時，琉球鄉公所秘書蔡文財先生帶我四處走，他提到：「後來許多日本人到這邊來收購珊瑚，因此近海沿岸比較淺一點的地方都被挖光了，只剩下比較深一點的，差不多十米以下的都還很漂亮。」人類其實也算是珊瑚的「另類天敵」！

為了保護珊瑚生態，屏東縣政府和漁民協議，漁船禁用三層網。看似可能減少魚獲的決定，沒想到一年後得到讓漁民驚喜的結果：不只漁源明顯變多了，甚至海豚也回來了。曹啟鴻縣長曾問一位老船長，海豚來了你們會不會覺得很討厭捕不到魚？船長就笑著說不會。他說，我們這裡的海豚跟彰化那邊的不一樣，這裡的海豚只吃小魚不吃大魚！而琉球漁會表示，自從禁用三層網後，小琉球因漁源增多，本地的漁民每月平均收入幾乎都可達二十萬元以上！而因此成長的觀光收益，已經是捕捉黑鮪魚收入的十倍以上了！

在小琉球可以看到形狀奇詭又華麗的石珊瑚。

與珍稀海龜輕鬆相遇

「有了！有了！看到沒？那裡有一隻探出頭來…」蔡文財先生帶我趴在「沙瑪基渡假區」前方懸崖邊上的欄杆，眺望底下岸邊的海面，尋找悠游在礁岩間的綠蠵龜的蹤影。他比我們還興奮地指著其實離我們不算近的水面：「看！那裡又有一隻…這幾隻平常都會在這裡覓食！」好像這些綠蠵龜是他飼養的一樣呢。不過，等我們眼睛適應了距離、較能分辨海水與礁岩之後，真的也看見了牠們，正隨著潮浪在水面上載浮載沉！於是我們也隨著興奮起來：「看到了！看到了！真的有綠蠵龜耶！」

小琉球從很早以前就有綠蠵龜，只是當地居民一直以來也都非常低調地和牠們和平相處，因此小琉球以外的人，甚至官方、學者、媒體都鮮少知道這裡有綠蠵龜出沒，所以也無從關心、研究起。鄉公所向中央、地方政府反應小琉球有綠蠵龜時，對方還多抱持存疑；但後來還是陸續來了一些生態、環境相關部門的人確認。而隨著遊客越來越多，來浮潛時也會看到綠蠵龜，只要不去觸碰牠們，即使看到人也不會馬上跑走，這又吸引媒體報導，很快地小琉球有綠蠵龜這件事就變得眾所周知。包括蔡文財在內的許多琉球居民，才知道「發現」綠蠵龜是這麼重要的事！

「最早是有一位民宿業者叫添仔（本名王正添）對綠蠵龜情有獨鍾，並長期在做綠蠵龜觀察，他就帶我們去看綠蠵龜產卵。」曹啟鴻縣長覺得這項生

沙瑪基露營區眺望海面
就能看到海龜出沒。

態資源非常珍貴，甚至是小琉球生態觀光重要的資產。更可貴的是，本地主要的沙灘包括中澳、蛤板灣、杉福漁港、漁埕尾，皆有綠蠵龜出沒。但是當時也發現岸邊常有一些漂流木、磚塊等雜物會阻礙牠們上岸產卵，於是就花了一些工夫，把綠蠵龜出沒的海灘清理乾淨。結果成效驚人，上岸產卵量越來越多。光以二〇一三年為例，小琉球綠蠵龜共上岸產卵三十五次，總共產下四千多顆蛋，保守估計會有兩千多顆成功孵化。

現在若有人說，綠蠵龜是小琉球的「鎮島之寶」，大概沒人會反對吧？認真說起來，綠蠵龜在小琉球不只被當成寶，依照當地的風俗、信仰，居民們很早就已把牠們當成神的化身來對待了。這種待遇和台灣其他曾發現綠蠵龜出沒的地方實在大不相同！例如在澎湖，雖然當地居民也認為海龜是吉祥的象徵，但在早年的習俗卻是會把綠蠵龜養在廟的地下室水池，傳說這樣會帶來好運。

海龜雖是雜食性的動物，但把綠蠵龜圈養起來，其實並不符合牠們的習性；不過，也沒有哪種野生動物是適合被圈養在廟的地下室吧？以現在的保育法令看來，這也是違法的行為。而因為小琉球早年大都是漁民，所以一直把海龜當成庇護他們能平安在海上作業的神明，而不會去騷擾、甚至侵犯牠們。經過海洋大學程一駿教授實際調查，小琉球綠蠵龜的數量，也的確遠遠超過澎湖。

限制參觀讓龜媽媽安心生產

正因為小琉球居民長期善待綠蠵龜，即使全世界的綠蠵龜幾乎都是迴遊性的，澎湖也只有產卵季才會出現，唯有小琉球四季都看得到綠蠵龜，且有一部份長年棲息在島的周圍生活及覓食，甚至已經變成是在地性的動物了！

小琉球一年四季都能見到綠蠵龜。

綠蠵龜上岸產卵的時間約是每年的五到十月份，目前小琉球並沒有開放參觀產卵的行程，想看就要跟我一樣在遠遠的山崖上遠望。因為綠蠵龜是受《野生動物保育法》的保護，在全力發展觀光的小琉球，居民也都不希望殺雞取卵。

小琉球正準備劃設綠蠵龜保護區，在保護區之內會明確管制規範，限制人數、還有進入管制區內可以從事的行為。以澎湖望安島為例，在一九九五年就已經公告成立綠蠵龜保護區，當地每年五到十月會管制沙灘，若遊客要參觀產卵得先申請，然後要有專業人員帶隊，並非每個人都可以自由參觀。而且光害少，綠蠵龜產卵會比較安心。

但小琉球目前夜間活動相當盛行，這對綠蠵龜的生產干擾較大，縣府和民間對限制導覽綠蠵龜產卵的生態活動都有共識下，現在已有部分沙灘劃入保護，規定每年五月一日起至同年十月卅一日止，一般民眾及遊客自夜間八時至翌晨五時禁止擅入沙灘及潮間帶，違者受罰。

延伸閱讀

保育創舉：禁用刺網

擁有蔚藍海岸、可與綠蠵龜共遊的珊瑚礁島小琉球，因具豐富的海洋生物多樣性，而深為旅客喜愛。為積極復育琉球地區珊瑚礁，屏東縣政府致力追求保育與觀光間平衡發展，實施小琉球三海浬內海域禁止刺網作業、潮間帶遊客總量管制等措施，讓小琉球觀光資源能夠永續經營發展。

全島皆由珊瑚礁所組成，表面被珊瑚石灰岩覆蓋，海岸被隆起的珊瑚礁圍繞，島上及海洋生態豐富，一九七〇年代，小琉球擁有最繁盛的珊瑚礁海域，珊瑚數量居全台之冠。然而「台灣珊瑚礁學會」持續在進行珊瑚礁體檢，近年來發現小琉球的珊瑚礁的比例下降得太快。屏東縣府得知後開始進行瞭解與調查。結果發現在一九八〇年代的珊瑚礁分布的比例大概還有八八％左右，現在只剩下大福漁港一帶的珊瑚比例還比較高，其他地方的珊瑚覆蓋率下降驚人，僅四・三至四十五・八％。

禁刺網，保育海洋生態

珊瑚的驟減與漁船使用刺網有關。傳統的刺網作業，大小魚類通抓，刺網的勾纏，會持續纏住陸續游過的魚類、海龜、海鳥及海洋哺乳類動物，使它們被網子絆住而終至死亡，因此有幽靈網具之稱，網具斷裂遺留海中，還會覆蓋珊瑚礁。

為保護小琉球生態資源及觀光永續發展，縣府委託國立海洋生物博物館進行小琉球珊瑚礁調查研究，經過三年密集調查與研究，二〇一三年起利用已廢棄大福西漁港作為農委會漁業署魚苗放流培育基地，及珊瑚復育基地，並逐步實施禁止使用刺網漁業及輔導業者轉型。

屏東縣政府於二〇〇六年起公告全縣海域禁止使用二層以上刺網，並且在二〇一〇年進行三次海域珊瑚礁上廢棄漁網清除工作。二〇一三年正式實施「距岸三浬海域禁止使用各類刺網作業，並禁止攜帶各類刺網具進出琉球各漁港」，此一資源保護的措施，也在當地公所、漁會和休閒產業均得到相當的共識，連主管機關行政院漁業署都誇「在漁業資源保育工作中，可謂前所未有之創舉」。

生態物種增加，吸引海豚出沒

然而在實施之前，縣府歷經多年的協商和溝通，才正式取得在地漁民的同意與配合，四年前縣府開始與漁會協商，規定近海漁船帶刺網的就不能進港，要停在外港再換船上岸。為了提高漁民配合的誘因，縣府及漁業署全額補助固定金額，幫漁船把刺網設備改掉，不足的部份由漁民由自行補足，希望漁民也要為了自己地方的生態保育發展盡一分力。從二〇一一年開始，縣府開始與琉球區漁會辦理相關刺網漁船收購事宜，到二〇一二年底共計完成四十七艘船筏轉型輔導，在沒有刺網作業後，琉球海域迴游魚類、潮間帶生態物種、數量均明顯增加，二〇一四年還有三十隻海豚進入小琉球海域。

「一開始在推『禁用三層刺網』，漁民的確非常憂慮。」曹啟鴻縣長回顧推動此政策時的一波三折：剛開始漁民即使同意，卻希望被收購的漁具能留下來，後來漁業署的補助核銷程序又出現狀況。經過四年多來一再溝通，這段期間小琉球的遊客成長也讓當地居民感受到發展觀光旅遊的前景，自動自發成立海洋志工，清除覆蓋珊瑚礁的幽靈網具及垃圾。

護珊瑚，控制汙水排放

小琉球曾經擁有台灣最好的珊瑚礁，但這幾年北側受到高屏溪沖刷沉澱物影響，加上觀光客大量湧入，民宿如雨後春筍，民生廢水也跟著增加，導致珊瑚覆蓋率減少，屏東縣政府發現問題嚴重，二〇一一年起積極規劃設置污水處理場，預計在小琉球鄉建置小型污水處理廠，並於二〇一四年的「變更琉球風景特定區計畫第一次通盤檢討第一階段案」中公告：為維護環島海域珊瑚礁生態，控制污水排放，以公有土地為優先，防堵民生廢水直接排入海洋。

04 每個人都找得到自己的秘密花園

曾國智今年剛滿三十歲，是個來自高雄的年輕人，目前在小琉球的民宿工作。他說自己三年前第一次來小琉球玩，住進了一家民宿，覺得這個地方不錯，民宿老闆問他有沒有意願在小琉球上班？於是他就這麼帶點傳奇色彩地留了下來，從顧客成為員工。

逆向到離島就業

「在這邊最主要工作是帶遊客探索潮間帶跟夜間導覽。」曾國智說，自己以前雖然完全不了解小琉球的自然生態，但透過大量閱讀、找到當地人教他看潮汐、認識海中生物、同時也參加大鵬灣國家風景區管理處定期開辦的自然生態課程。如今他已經是可以獨立帶隊的生態導覽員了。小琉球觀光產業蓬勃發展，旅遊相關人力需求大增，曾國智是都市人逆向到離島工作的難得案例。他認為小琉球讓人感覺很放鬆，平常都可以穿個短褲、拖鞋之類的輕便打扮，甚至有時候裸著上身也感到很自在；而且這裡離高雄也近，只要民

宿不是太忙，他一個禮拜都可以休假回老家一、兩天。聽起來，真是令人羨慕的工作！

三年下來，曾國智對於怎麼帶遊客玩出一個精采的假期很有心得。「兩天一夜的行程會比較緊湊，會覺得很好玩，包你下次還會想要再來玩！」他打包票的說。小琉球民宿入住時間一般是下午兩、三點，他建議遊客在東港搭中午的船班到小琉球，先放好行李、聽聽民宿講解這一天的行程。由於遊客在上船前大多保持空腹或只吃半飽，所以可以先去簡單用點午餐順便走走逛逛。回來後再看決定要去浮潛或者去走潮間帶。因為海邊的活動會隨著每天不一樣

的潮汐時間而有所調整，所以若是潮間帶、浮潛、看綠蠵龜都想參加，就得做好規劃。他熟練地幫我安排：可以下午先安排潮間帶探索，隔天早上去浮潛。走潮間帶來回大約一個多小時，接著下午時間推薦吃點小琉球必吃的特色美食後可以去環島。環島回來BBQ到八點半，接著九點還有夜間導覽。最後想喝杯酒放鬆可以來酒吧，待到十一點到十二點回去休息！聽起來的確高潮迭起，十分緊湊！

從土法煉鋼走向專業的民宿導覽員

和其他旅遊地區很不一樣的是，在小琉球不僅交通工具的安排和民宿搭配在一起，遊程往往也會跟著投宿的民宿安排。民宿會有自己的導覽員，民宿的導覽員可說是小琉球旅遊的靈魂，他們往往也都要練就高強的功力，而且有務必讓房客「來了就捨不得走」的使命感，回去還會忍不住推薦親友回來住宿。於是，民宿業者各自開發不同的遊程。在小琉球除了非去不可的潮間帶之外，陸續發展出非常多樣的「陸域導覽」。

「陸域導覽」主要是在「美人洞」附近進行，結合當地的植物、昆蟲、鳥類、地質、水文等自然生態主題解說和導覽。自己經營民宿的曾毓文先生就講得很精彩，帶著旅客在涼亭一邊觀看海龜游泳時，一邊就考起大家：為什麼會有群礁？為什麼這裡的海水很清澈、另一頭卻是黑色的？為什麼小琉球

是珊瑚礁島？為什麼這些珊瑚礁會跑到陸地來？小小的島嶼就足以發展出小琉球版的《十萬個為什麼》！問得我也不禁好奇他這些知識是怎麼來的。

「一開始都自己上網查資料，後來才發現有很多都是錯誤的。當時即使亂講，但好像遊客只要玩得開心，也不在乎你講的對不對。」但曾毓文發覺必須有正確的導覽，旅遊品質才會穩定，有品質才能建立口碑和品牌，於是開始下工夫向專家學者討教，做遊程內容的設計。小琉球的導覽員雖然不是生物、地質專業出身，但是都很珍惜跟遊客介紹家鄉的機會，做了很多的功課和準備。

私房玩法、野史傳說受歡迎

講解自然生態知識時，往往要顧慮不能太像在教室上課，通常導覽員會結合一些不一定真實或是不可考的故事、傳說來增添旅遊的樂趣。「就像大家喜歡《西遊記》一樣，人人都知道那不是真的，可是就是喜歡看、喜歡聽！在講專業內容的同時也需要一些『稗官野史』來搭配啊！如果你一直跟他講這是『喀斯特地形』、『溶蝕地形』什麼的，保證對方一下子就會睡著了！」曾毓文說。

大家不只在導覽上要看很多書累積功力，各自還會絞盡腦汁安排一些「斯貝秀」的私房行程讓遊客有不同的驚喜，這也形成導覽員間的良性競爭。聽說甚至有帶客人穿著救生衣，去較鮮為人知的漁港跳港（跳水）！一方面，聽起來確實非常有創意；但一想到一群人集體在漁港跳水的畫面，不知道旁邊的漁民看了，會不會臉上冒出三條線、和一隻烏鴉飛過？

曾國智也大方的跟我分享他的私房景點。他露出神秘的表情說，日治時期留下來的白燈塔是島上的國際燈塔。目前雖沒有營運，但仍開放讓遊客拍照。白燈塔附近的百年大榕樹也很可觀，但因為過去有類似靈異的傳聞，在小琉球算是禁忌景點，老一輩的人都會告誡年輕人晚上八點後就不要再去。所以會趁著白天帶喜歡刺激的遊客去走走。沒想到「靈異傳說」會是個賣點？曾國智一臉無奈說，這類故事大家都是又怕又愛聽！

烏鬼洞傳說虛虛實實

要說靈異，在小琉球最有名的應該是烏鬼洞了。鄭成功的軍隊和荷蘭人對峙時，荷蘭人船上有三百多個黑奴，全部都躲到烏鬼洞裡；鄭軍原本打算放火，後來用煙把裡面的人嗆死了。所以後來這裡就一直有一些鬼故事流傳出來。我要說導覽員們說到烏鬼洞的靈異故事真的有一套，聽著聽著大白天背後的汗毛都會豎起來。曾國智說平常烏鬼洞進去出來走一趟不用三分鐘，當地人熟門熟路進去大概不用一分鐘，但有遊客就是一走半個小時還走不完。烏鬼洞相當狹窄陰暗，白天都要帶手電筒，裡面有很多個小洞。早期裡面大概真的可以住人，但後來可能因為地震，有些地方都塌掉了，導致現在只有一個出口。有關烏鬼洞的故事，真真假假一直有許多不同版本流傳著，但有時靈異傳說的功能，根本更在於撫平或轉移人們面對歷史慘劇的創痛吧？

其實，即使沒有人導遊「私房景點」，小琉球本身風景變化已經足夠讓人目不暇給了！不經意的小地方都能找到讓人驚豔的畫面。我會推薦來小琉球先到管理站的後陽台拍張照，這裡視野極佳，可以俯瞰整個白沙尾漁港，看大小船隻進出港灣，白沙尾港沿岸週邊幾乎都是海鮮燒烤店，每逢週末夜，五彩燈火伴隨著陣陣飄來的流行音樂及烤肉香，將整個白沙尾港妝點得紅塵萬丈。

貝殼沙灘浪漫爆表

在島嶼另一頭的蛤板灣，又被叫做威尼斯海灘，光聽名字就十分浪漫。蛤板灣是貝殼沙沙灘，傍晚時分大家都會跑到這裡看夕陽。度過了緊湊的一天，來到此地的遊人可以徹底放慢步調；凝望著沙灘上遠處，不管是手牽手的情侶、或三五成群的遊客，竟都呈現一種「慢動作」的錯覺呢！即使不是夕陽時刻，坐在沙灘的漂流木上發呆，也都會陷入非常文藝片的氛圍啊！

想看夕陽的話，還有落日亭也有非常棒的視野。落日亭旁有停車場，大部份的機車騎士經過此地，似乎總會不由自主地停下車來，稍作停歇。另一方面，這裡夜晚光害少，天氣好時，也是觀星的好地方。當然，最為浪漫的場景，應該是情侶們對著夕陽西下互許終身，或是在滿天星斗、最好是流星畫過天際的夜空下喁喁私語，這畫面雖是偶像劇的老梗，但難道不令人羨慕？曾國智說，有客人在交往時來到小琉球遊玩，連續來三、四年後，就從高雄帶攝影師來民宿拍婚紗照！即便結婚後比較忙，每年還是會帶小孩過來玩。

在小琉球拍照的好處是：取景太容易了！不用太專業，隨便拍都很好看。也難怪有越來越多新人選擇到此拍婚紗照。「沙瑪基」露營基地看起來完全就像是很多電影畫面中島嶼婚禮的漂亮場景，在懸崖上設置的心型吊鐘等充滿愛情象徵的裝飾，情侶來必定前來打卡，拍婚紗一定入鏡；而這裡面海大草坪上的一排白色躺椅，則已成為此地的經典畫面之一。而我的感覺是，小琉球處處都是景，只要你多繞幾圈、或多來幾次，很快地，你一定也會建立起自己的私房景點！

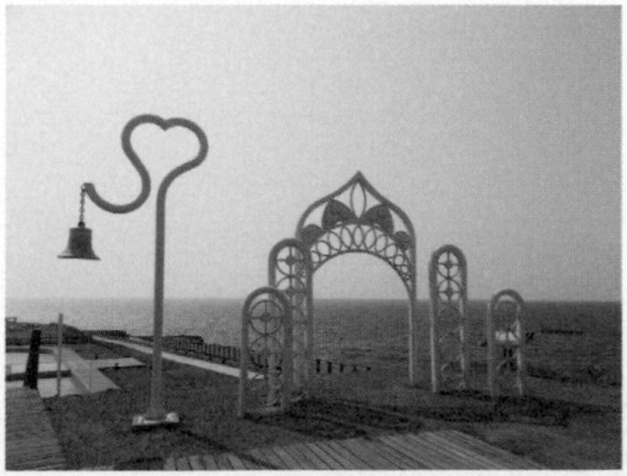

沙瑪基的心型吊鐘
是情侶必訪景點。

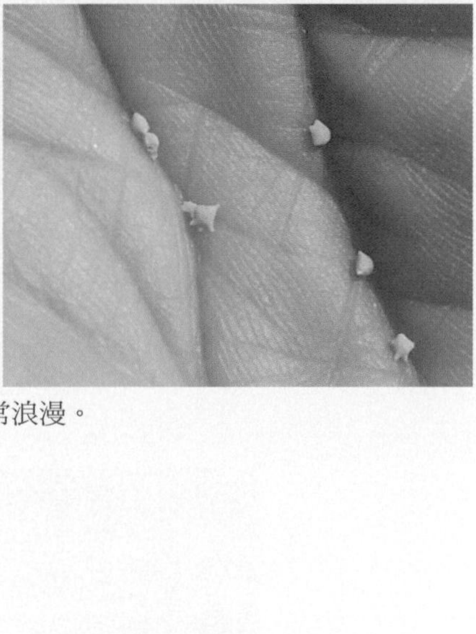

威尼斯海灘是白淨的貝殼沙，襯著藍綠色的海水，非常浪漫。

延伸閱讀

小琉球、東港特色民宿百家爭鳴

觀光超夯的屏東，旅遊人數超過七百萬人次，也帶動合法民宿成長突破兩百家！這以恆春半島、小琉球、東港成長幅度最大，三年內合法民宿增加一百多家，也讓屏東餐飲與住宿業者的營業總額成長兩成。除了大型餐飲飯店前來投資外，也吸引不少人返鄉經營民宿。縣府在二〇一四年五月間就發出屏東縣第二〇〇家合法民宿登記證。

屏東縣過去合法登記的民宿業者只有九十四家，三年前觀光傳播處成立後，透過景點介紹及套裝旅遊行程規畫行銷屏東，也到日、韓、港澳、大陸等地辦旅展，讓更多外國旅客認識屏東。

二〇一三年屏東營利事業總額達三千八百億元，創歷年新高之際，其中餐飲與住宿營業額一百二十六億元，成長幅度全國最大，也因此縣府將輔導有意願及潛力的民宿業者取得合法立案登記，吸引更多遊客造訪，列為最重要的任務之一。

然而觀光客成長後，也考驗屏東必須要能提供穩定、安全的旅遊品質，才能讓這幅榮景維持下去。小琉球這幾年民宿、餐飲等行業蓬勃發展，觀光發達吸引財團覬覦，地價已經超乎當地人的想像了！

縣長曹啟鴻說，小琉球民宿最常見的合法性問題是土地問題，因為小琉球不算是

新興觀光區，而是個早有發展的漁村聚落，當地有不少土地、房舍都是傳承好幾代了，產權持有會比較複雜，這也衍生業者在相關登記時遭遇難題。縣府的態度是把產權問題分開來看待，至於衛生、消防這方面的安全問題，則是一定要求必須合法，不能打折扣。

05 全民運動捲麻花

美食是觀光旅遊一個非常重要的元素。小琉球有什麼好吃的？許多人一聽到這個問題，肯定會不假思索地回答：「麻花捲！」包括尚未到過小琉球的人，都會這麼說！

小琉球麻花捲有多夯？辦公室揪團購買至少要等兩、三個禮拜！遊客、網路的搶購熱潮也使小琉球成為全台罕見「零失業率」的地方！甚至許多人都認為許多婆媳紛爭，也都因為在地婦女們忙著捍麵粉、炸麻花捲而無暇爭吵，致使此類家庭問題不藥而癒——這真是太神奇了！這麻花捲到底有多厲害啊？！

老零嘴瘦身成潮流

「我們自己其實也不知道為什麼會這麼夯？」王信和是一位小琉球白沙國小的退休教師，現在則是「王老師麻花捲」的負責人。他說在一開始，只是幾個老朋友在泡茶時，覺得少了些點心、零嘴來搭配。大家又吃不慣現成的零食，就想有什麼可以自己動手做的小點心？於是有人提起以前有的漁民出海捕魚時，總會帶一些麻花捲這種不難做、攜帶方便、熱量高、又能解饞的零嘴，茶友們大夥兒便決定自己也來試試看。雖然大家都不知道該怎麼做，但反正閒著也是閒著，就一起從頭學、從頭做。

傳統的麻花捲糖霜很多、甜度很高，而且又粗又大，入口不易。王信和在製作時，想著要把以前覺得麻煩的地方改掉，經過重新研發、改造的麻花捲成功瘦身，規格變得迷你好入口、糖分大大減量，也比較健康。而麻花捲最重要的香氣來源之一是芝麻，傳統的麻花捲芝麻大多是點綴點綴，在「改良版」就特地多加一些芝麻。但是初學者的學習之作並沒有一炮而紅，「一開始大家對這種新款麻花捲沒啥好感，因為咬起來很硬，吃起來也不是我們原本所想要的口感。」王信和說。雖然沒有立即獲得成功，倒是讓他們做出興趣來，很認真的思考如何改良，反覆實驗試吃。做出了自己還覺得不錯的麻花捲之後，王信和他們就把作品拿去菜市場賣。這次整個味道對了，反應有不錯的銷路。

好口碑帶出全島新產業

在菜市場賣的麻花捲並沒有什麼「包裝」，只有非常陽春地用透明夾鏈袋裝著。這款改良版的古早味零食就這樣惦惦的賣了差不多半年之後，口碑開

王信和

始傳開，小琉球於是有第二家跟進。差不多從四、五年前起，小琉球觀光業開始起飛，旅客大量增加，麻花捲也越賣越好，吸引更多人投入做這一行。那時王信和決定加上標籤，建立自己的品牌。

現在整條三民老街的各家品牌廣告旗幟迎風招展，呈現出百家爭鳴的麻花捲榮景。據估計，小琉球的麻花捲業者可能超過二百家，比較令人好奇的是，這些業者是不是都像王老師一樣是當地人？如果是，那他們在沒做麻花捲以前，都在從事什麼行業？「很多都是從漁民轉型的。」王信和告訴我說：「因為現在捕魚辛苦又沒有利潤，整體漁業環境沒落了，所以大家不是做民宿就是做麻花捲。而且漁業人口也是有斷層，就是漁夫的小孩也不再捕魚了，雖然大部分人是還有船，但是現在年輕人想捕魚的不多啦。現在很多船上最多就是父子倆人，其他就都是外籍漁工。」除了讓在地人足以充分就業外，這樣說來，麻花捲可能恰好也解決了一部份本地漁業「世代交替」的問題。

在網路找到小琉球新「漁場」

王育品先生是王信和的兒子，平常在台灣本島工作，假日才回小琉球家中幫忙，最主要的是協助父親處理一些網路問題。小琉球在地人沒有砸錢做廣告，都是由吃過的人在網路上留下好口碑，然後網民口耳相傳推薦紅起來的。做麻花捲的入門門檻不高，在高度競爭下，各家除了在口味、口感上不斷推陳出新，以作市場區隔外，也必須透過網站，在行銷上發揮創意讓更多人看到，王育品每天都在絞盡腦汁。

「也許麻花捲是無心插柳的結果，但它真的是改變了許多人的生活。像我自己的轉變就很大。原本我回來小琉球都是回來渡假，結果現在都是回來幫忙做生意啊！」王育品苦笑地說。王信和也說，以前都是過著很悠閒的退休生活，結果現在是全年無休；晚上要處理訂單、白天還要開店銷售，休息的時間很有限。本來想說退休後可以投入自己喜歡的美術和園藝，打算好好重拾畫筆、整理一下花花草草，結果現在是比退休前還忙。不知道這算不算是另一種「世代交替」的問題？

一根腸子通到底的琉球大香腸

不只麻花捲，琉球香腸和烤魷魚片也是小琉球上的必嘗美食。不同於麻花捲包裝蓬鬆、澎湃適合做小琉球的伴手禮，香腸和烤魷魚可就是在地人從小吃的點心了。

這裡的烤魷魚片是由整隻魷魚烘烤、上調味料、再壓製成長條狀。在島上處處可見賣烤魷魚片的攤位或店家；當然，也處處聞得到那令人唾涎的誘人香味！我曾好奇烤魷魚片之所以會變成當地特產，是因為小球琉產魷魚嗎？「現在魷魚是從高雄來的。事實上，應該說全台灣風景區的魷魚絲幾乎都是從高雄來的，而且好像都是從同一個地方來的。」身兼小琉球觀光發展協會會長鄭志豐說：「如果你要買小球琉的在地漁家捕撈回來的魷魚片，就得去漁民住家買才有，通常他們會掛個手寫招牌。如果是一般店面賣的，那通常是從阿根廷冷凍進口，再由業者買來再加工製作的。」不管產地在哪，做得好吃，不是產地也能做出特色呢！

那香腸又為什麼能成為本地的特產，而且還自成一格地被稱作「琉球香腸」？這種一條可長達一、兩公尺、且通常不分節的香腸，長得有點不一樣外，在台灣很多香腸品牌會強調取用了哪些特殊的豬肉品種，初來乍到時我也忍不住用同樣的邏輯問起小琉球的豬肉究竟有何過人之處？

「琉球香腸的最大特色就是我們都只用後腿肉，而且會將豬肉先去筋，以求得最佳口感。」同時也是鄭記香腸第二代老闆的鄭志豐說，以前小琉球觀光客少，香腸銷量不大，而且小琉球上還有不少人養豬，本地豬肉尚足夠製作香腸，這種情況持續到六、七〇年時代。直到八、九〇年時代後，島上養豬越來越少，只好改從東港找尋豬肉供應商。但是為了維持品質和口感，對肉品來源都有特別挑選過，肯定選擇經過肉品安全認證的。

跟著野台戲班走的古早味

一九五四年，鄭志豐的父親十七歲，跟著長輩從台灣本島來到小琉球謀生。由於不是漁民出身，來到這邊之後，便隨著季節做不同的生意：夏天賣

鄭志豐

冰，冬天就賣香腸，有時候也兼賣一些水果。鄭志豐細說從頭說，當時也不是為了賣給觀光客，而是為了當地人的需求。小琉球觀音佛祖的壽誕時，全琉球鄉的廟宇都會輪流演歌仔戲慶祝，從開始到結束持續差不多兩個月左右。當時鄭爸爸就隨著野台戲班，歌仔戲演到哪，他就賣到哪。到一九七〇年代電視開始普及後，野台戲就漸漸沒落了，所以香腸攤也轉型成現在的門市型態。這香腸簡直是見證了台灣野台戲史的一頁滄桑。

除了香腸、烤魷魚和麻花捲，小琉球的「鬼頭刀魚（乾）炒飯」也是別處比較不容易吃到的。據說鬼頭刀魚的價格是這幾年因為美國搶貨才略為上揚，早期價格比較低廉時，當地居民會拿來用醬油、白糖醃過，再曬成魚乾。食用前先蒸過，再切碎做成炒飯、或者包在粽子裡也是相當美味。這邊的鼎邊銼也會加入鬼頭刀魚乾，十分特別。

除了上述幾樣歷久不衰的「名品」外，小琉球的一些「網路版美食」也正透過社群網路的散播，迅速躍昇成為網友口耳相傳的「神品」。許多民宿早上都會提供「洪媽媽早餐」，這是小琉球夯店，許多消息靈通的遊客，不必等民宿提供，第二天就會起個大早，前去該店「打卡」了。

B級美食混搭風

洪媽媽早餐店乍看與台灣本島的大同小異，有點中西合璧混搭風，除了供應蛋餅、三明治等一般較常見的餐點外，最大的特色是還提供了一些小琉球的特產，例如：琉球碗粿、賓士包、鬼頭刀炒飯等等。我忘了說琉球碗粿和台南碗粿不太一樣，比較接近東港的「肉粿」，內餡有豬肉、筍塊等，上面覆蓋幾片香腸，再淋上醬汁；而賓士包類似台灣的「爆漿黑糖包」，外形呈三角形，上面的摺痕看起來就像「賓士」的標誌。還記得在小琉球的第一頓早餐是一個外包了一層蔥蛋的總匯飯糰、一條「香Q蔥油條」；外型比一般油條短，口感較為紮實，有點像是加了蔥的甜甜圈；再加上一杯奶茶。民宿老闆大概不會有挑戰我食量的意思，但我真的十分好奇：是不是來到小琉球的遊客，早餐胃口都會變得特別好？

當然，小琉球的美食絕對不止於此，許多「隱藏版」美食正等待遊客去慢慢發掘、細細品嚐——畢竟搜索美食，也是旅遊不可或缺的樂趣之一。

洪媽媽早餐有許多小琉球特色早點。

小琉球美食賓士包（上）和鬼頭刀炒飯（下）。

延伸閱讀

麻花捲攪動琉球傳統生活

以前小琉球有三多：船長多、廟多、校長多。漁村的船長多、廟多並不令人太過意外，畢竟討海人也是靠天吃飯；但小琉球校長多則是因為海上生活艱險，漁民們多半希望家中子弟多讀書，最好是考上公費的師專，這樣一來可以脫離辛苦的討海生活，再則生計也較有保障。在這樣的風氣之下，小琉球子弟擔任教職的比例相當高，以至於小琉球對岸的東港七所小學，現在有六個校長都是小琉球人。

但在小琉球這幾年成為觀光旅遊的新熱點之後，新三多卻變成：民宿多、機車多、麻花捲多。而這新三多共同指出一個事實就是：遊客多！曹啟鴻縣長說，麻花捲提供許多當地外籍配偶以及中高齡者工作機會，不只帶動當地經濟，更讓外籍配偶快速融入台灣的生活，而過去離島有時會有因為收入不穩定、或者離家就業而產生的家庭問題也獲得改善。

不僅如此，過去小琉球有許多以撿拾潮間帶生物為生者因此轉業，這讓潮間帶減少某種程度的破壞，等於間接促進生態保育，則是麻花捲意外創造的邊際效益。

不過，蓬勃的觀光地區也帶來飲食安全衛生問題，尤其是材料的來源和廢棄物的處理都需要適當監督，縣政府有列管定期訪查，針對麻花捲大量用油，都必須確定有專人回收。

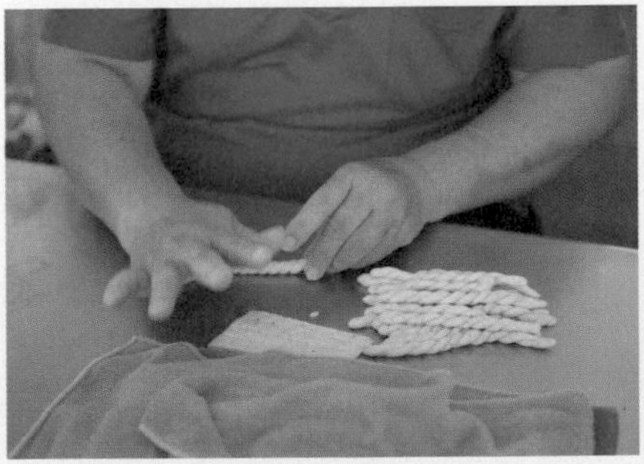

06 小島仲夏夜如此溫暖忙碌

「享受別位看袂著的白雲天，連歌聲嘛有海的氣味……」在小琉球的夜裡，無所是事地讓晚風吹拂著、輕輕哼唱這首《情定小琉球》，其實也很對味。而似乎島嶼的夜色，就是應該要有這種浪漫的特質吧？有個小琉球的朋友半開玩笑地告訴我，小琉球這麼有情調的地方，實在非常適合夫妻、情侶一同前來。但如果老公自已來，做太太的其實也大可放心，因為小琉球大概是全台灣唯一，看不到任何風月場所的地方！

加入陸蟹的夏季運動會

小琉球的夜色本來就十分可觀，根本不需要安排行程：可以自行在島嶼北邊，尤其是在觀光港區眺望對岸，燈火閃爍如寶石項鍊般的高雄工業區。天氣好的夜晚，甚至不用望遠鏡就可以看到高雄前鎮的「夢時代」摩天輪兀自挺立、變幻七彩燈光，讓人驚呼連連！只有夜間會特別感受到小琉球距離高雄很近，雖然不致於到「雞犬相聞」的地步，但若高雄有廟會活動，在對岸

的小琉球不只看得到五光十色的煙火，甚至還聽得到隆隆的煙火聲！

如果白天上山下海趴趴走還沒有消磨完一天的精力，一定要參加有導覽員帶隊的「夜間觀察」及「星空解說」。一般，在遊客不喊「安可」的情況下，這兩個行程總共約需兩個鐘頭。

小琉球有許多陸蟹，平時住在陸地上，繁殖的時候才到海裡面去。所以繁殖期一到，尤其是夏天晚上，牠們就會在馬路上跑來跑去，白天才見過羊群在路上散步，到晚上變成陸蟹賽跑，是十分新鮮的經驗，這只有留下來過夜才能看到。大夥參加「夜間觀察」行程的遊客，拿著手電筒，興奮又狐疑的跟導覽員走，一邊聽著他講起小琉球豐富的物種，還會穿插幾段讓膽小者拼命摀耳朵的靈異傳說；然後一邊又照亮路面、山壁及水溝，尋尋覓覓那些自己平常不易見到的生物，這時總會無法預期的傳出尖叫聲，因為有人在視線跟著手電筒快速一瞥的短短幾秒，眼尖的發現蛇或出來兜風的爬蟲類了。這種「準探險」活動，可說知性與刺激性兼備啊！

浪漫夜空星圖雲布

島上光害少，在天氣好的時候，來到烏鬼洞旁的落日平台，抬頭就是滿天星斗。在小琉球許多空曠的地點，都非常適合觀星。看著導覽員把夜空當布幕，手持「觀星筆」向浩瀚無垠的穹蒼射出一道綠色光束，指向好幾光年之外的宇宙，那麼遙遠，卻又亮得感覺好近；聽著耳邊傳來種種星圖傳說：平

觀光港區夜晚燈火璀璨。

靜的夜空，浪漫的夜晚，教人怎麼捨得回房睡覺呢？！

在和曾毓文老師約時間，晚上還要跟「生態旅遊發展聯盟」的志工，去看他們如何作夜間陸域生態調查時。我們約在水仙宮碰面，因為他還要先去當地成立的「涼傘班」，訓練小朋友踏涼傘步。這可真讓我見識到小琉球當地做生態保育的人士的多才多藝了！

「涼傘班」指的是廟會的時候，陣頭前面通常會有人手持「涼傘」，上面會註明某某廟宇、某某神明，以作為該廟宇的象徵。典故應該是仿照古代的「華蓋」，也就是皇帝、皇后或大臣們出門時，身邊服待的人會持著涼傘替他們遮蔭。由於這是一種顯現其尊貴的表現，所以在民俗上就延伸其意義、再結合中國傳統武術，將宮廟或是神明的名號繡於傘上，後來就演變成一種神明之間互相拜訪、禮尚往來的儀式。目的是要告訴對方，自己代表哪一家的神明，先來跟你通報一聲，所以相互之間的「拜禮」就非常的重要。真正講究的涼傘步法，例如七星步、八卦步等，是要互相套步的。而這些步伐及陣式，都有其嚴格的規定與所代表的宗教意涵。

傳承新世代的涼傘班晚課

曾毓文的父親也是教「涼傘」的老師傅，有此家學淵源，再加上他認為訓練小朋友踏涼傘步有文化傳承上的意義，所以在上一科迎王祭典前，便成立了專門教小朋友的「涼傘班」，甚至還特別依照小朋友的體型打造專用的涼

曾毓文

傘。兩年來經過嚴格、密集的訓練下，除了在迎王祭典表現令人耳目一新外，近年來更受邀在當地許多節慶活動、典禮中演出，儼然已成為最能代表小琉球的文化表演團隊之一。

我刻意提早到，在水仙宮前的廣場上看到許多家長載著小朋友前來受訓；幾個前一刻還懵懵懂懂的小孩，當手上一執起涼傘正式開始時，立刻顯得虎虎生風、有模有樣，其展現出來的風範，確教人不容小覷。而廣場旁的居民，則搬出他們泡茶的工具及板凳，一邊聊天、一邊欣賞他們的彩排。這幅「把酒話桑麻」的和樂景象，應該算是「小琉球式」尋常百姓的夜間生活樣態吧！這也算是旅途中，一個不期而遇的溫暖體悟吧？

跟著志工巡守去

小琉球「生態旅遊發展聯盟」所作的生態調查計劃，緣自民間自動自發的行動，後來大鵬灣風景區管理處為了興建「護蟹步道」，需要陸蟹生態資料，所以撥了部分經費補助這項觀測活動，以比較科學而有系統的方式觀察與記錄當地生物。由於經費有限，目前先鎖定陸域生態的夜間觀測為主。聯盟志工在四月至十月每晚七點至十二點，分成三班輪值，每班二至三人在美人洞路段，觀察、記錄陸蟹、寄居蟹、昆蟲、鳥類、爬蟲類等生物數量、出沒地點及時間。

志工們約在美人洞路段起點的遊客中心前，只見前方黑暗的路面，閃著幾點白色亮光而來，那是前一班的志工前來交接。志工們接過記錄板、戴上頭燈，一行人便又開始下一班的夜間觀測紀錄。純屬跟班而不夠專業的我，分配到一把手電筒。

參與的志工有相當多都是當地的民宿、餐廳業者，從他們在夜觀時熟門熟路的動作，不難看出他們大多也是生態導覽員。當晚出發沒多久，我們便在乾涸的排水溝裡發現了一條蛇，只見他們見怪不怪地報著時間、地點、生物名稱；有人拿筆平靜且優雅地在表單上記錄著。這真是遊客和導覽員最大的差異，先前已經見識過遊客驚聲尖叫的場面，而我之所以沒有失控地鬼吼鬼叫，其實也只是一切似乎發生得太快。那時我心裡想的其實是：應該有人早點提醒我會有蛇啊？

民間自發的陸蟹紀錄觀測行動

當我們終於發現此行第一隻陸蟹時，我才看見志工們忙碌起來。同樣也是記錄時間、地點、生物名稱，發現陸蟹、寄居蟹時，他們會暫時捉住牠們，並在其身上用白色筆寫下編號，這樣作是為了要更準確地瞭解牠們的活動範圍、數量以及交配、產卵等生物習性。看見志工大哥將陸蟹輕輕按住，並從口袋掏出白筆，這時我才恍然大悟，他們為何要像礦工一樣戴著頭燈？因為雙手有時候真的不夠用啊。

除了發現陸蟹、寄居蟹會暫時產生一陣騷動外；隊伍中有志工會不時抬著頭告訴大家，發現兩隻「白頭翁」之類的訊息。順著他頭燈的方向，樹上果然有兩隻縮成一團、睡死了似的鳥類。我比較好奇的是，他們要看得出樹上那一「團」是什麼鳥，到底要經過多久的訓練？

走著走著發現多數志工其實都對某種特定生物情有獨鍾、然後對其有超越凡人的感應。我們一行有一位在途中就可以不斷地發現，頗善於偽裝、隱藏自己的「竹節蟲」。他頗為自得的表示「必殺技」是，觀察到有竹節蟲愛吃的植物有咬痕時，通常就表示牠就在附近。而有位從頭到尾，一直嚷著今年都還沒看到椰子蟹，立志一定要看到的這位志工，那天晚上還是「殘念」了！

小琉球最美麗的人文風景

這群幽默風趣的志工雖然是犧牲了自己的時間，但和他們在一起不僅聽不到任何抱怨，整個氣氛甚至都是歡樂的。看到當地業者，會主動組成類似的巡守隊來保護環境，這種為了一個共同的理想而努力的精神，著實令人動容。

多年以後，若要問我個人對小琉球旅遊最深刻的人文景觀是什麼？我想我可能會記得，某個晚上，跟著幾個熱血的志工，戴著頭燈，專心地在路上紀錄陸蟹出沒的時間、地點：黑暗中，頭燈的點點光亮，雖然渺小。但卻散發出一種對土地熱切而溫暖的光芒，一種希望的光芒。

東港

豐饒豪邁的漁家風情

07 東港尋味

「八月十五彼一天，船要離開琉球港……」來東港之前，我在網路上搜索著東港的各種資訊，結果意外地在維基百科上發現，已故歌手陳一郎竟也是東港人？！所以當我在東琉碼頭下車時，腦海中不禁響起這首《行船人的純情曲》。這也才突然想起……啊，原來歌詞裡的「琉球」指的是「小琉球」啊？於是我彷彿發現新大陸似地，一下子把人、歌和地方都連結了起來，而覺得頗有成就感。想說，這個小鎮，還有多少驚喜等著我去發掘呢？

澎湃實惠，華僑市場開眼界

之前對東港的印象，就只是海鮮很新鮮又頗經濟實惠、或黑鮪魚——說起來這也算是海鮮的一種吧？雖然知道東港的迎王祭典是宗教盛事，但三年一科總是錯過了參與的機會。而至於在東港「旅遊」——我說的是到處玩賞、參觀甚或留下來過夜的行程，而不只是過境飽餐一頓後離開的玩法，我必須再一次親自體驗、探究一番。

外地人來到東港，必定會對華僑市場的澎湃海味驚奇不斷。

對東港沒有概念的人，最簡單的走法就是先跟著非常明顯的路牌找到「華僑市場」。進入東港只要沿著東港溪畔，先看到東琉碼頭，再往前走就是了。第一次來的時候真的會以為東港華僑眾多到能夠聚結成市集，好奇詢問下才知道，因為東港從事漁業的人口非常多，在地人想吃海鮮很少到菜市場買，大多都是靠親朋好友彼此間「以物易物」，交換彼此漁獲。所以會來這裡買魚的，主要還是以外地客居多，而東港澎湃又實惠的海鮮也總是讓遊客買起來不手軟。當地人看見出手闊綽的遊客都會開玩笑地說：「華僑來了！」因為對早期許多台灣人而言，「華僑」一詞，一直有一種多金、闊綽的意涵，所以久而久之這裡就索性被稱為「華僑市場」了。

走進華僑市場，你會發現裡頭就像一個海鮮美食總滙。舉凡各種與當地海產有關的生食、熟食、加工伴手禮、可代客料理現買漁獲的餐館等等，可說應有盡有。黑鮪魚、櫻花蝦、油魚子這「東港三寶」自是不用說，這裡販賣的海鮮種類繁多，新鮮活跳、生猛霸氣，讓人完全無法忽略強烈的豐饒盈滿印象，有如來到某個「海鮮博物館」。

舉個簡單的例子，你看過螃蟹分列式嗎？在這裡可以看到攤商，把一隻隻綁著草繩的螃蟹，在平檯上排列成類似閱兵分列式的「螃蟹軍團」，供顧客「檢閱」；「軍容」之壯盛，蔚為奇觀。而生魚片的攤商，動輒豪邁地將上百公斤的魚體切半置於碎冰上，演出「斷面秀」。看到色澤誘人的生魚片，一盒盒在攤位上擺置整齊，卻也非常快速的被饕客帶走。又或者，巴掌大的馬蹄蛤，讓人忍不住要拍照存證、打卡炫耀一番。——老闆告訴我這是加拿

華僑市場內的水產種類繁多，攤位陳列霸氣十足。

大進口的。我對「進口」兩字感到疑惑，從海中捕的魚，就是一種「進口」吧。還沒有完呢，而當你看到許多攤架上，擺著一堆堆長條狀、面容兇惡的小魚，好奇的問「老闆，那個是什麼魚？」若老闆答覆：「那個魚」，千萬別懷疑，這是標準答案，不是在和你抬槓，更不是他不耐煩或故意要氣你——因為牠們真的就叫作「那個魚」無誤！

海味零嘴、私房美食讓人目不暇給

琳瑯滿目的生鮮只是市場的部分，市場裡除了鮪魚糖、魷魚絲、鱈魚香絲等伴手禮外，還有許多現作的「人氣美食」。來東港千萬不能錯過「旗魚黑輪」，劃成一條條的旗魚漿包裹著水煮蛋，下鍋油炸變成神奇涮嘴的食物。某位在南部進修多年的知名主持人就是在屏東吃這一味才被媒體拍到的呢。

說到這兒，要特別推薦市場內有有好幾處掛著「三杯五十元」牌子的涼水攤，賣著各式五百西西的仙草、愛玉、粉圓、山粉圓等各式冰飲，還有木瓜、西瓜等各種季節水果汁。這對身處南部豔陽籠罩的遊客，尤其受用，即使獨自一個人，很建議不用猶豫一口氣先買三杯再說，剩下的可以當留作備用，很快就會喝掉的。

華僑市場對面的朝隆路上，彷彿是其延伸般似的，餐廳、伴手禮店林立，所有的東港特產都可以在這裡買上一輪，例如雙糕潤，還有黑鮪魚、櫻花蝦、飛魚卵、旗魚等魚產的加工品，從基本款的魚乾、魚脯到餅乾、零食都找得到。

名列東港小三寶的現炸旗魚黑輪隨時都人氣搶搶滾。

一車車觀光客，從遊覽車下車後，直奔店家的熱鬧場面，是這裡慣常的風景。

再往對街新生三路，沿路也自成一小市集，魚、肉、蔬、果等皆有販售，比較特別的是，不同於朝隆路店家走品牌經營路線，這邊可以找到一些民眾自製的加工食品，例如泡菜、豆腐乳等各式醃漬物。這些由在地居民「獨門秘制」的美食，常常會給遊客帶來意外的驚喜，而增添旅途中的樂趣。市集裡有許多家賣手工饅頭、豆漿的攤位，我逛下來的經驗是：當特定食物在小小範圍內密集出現，產生「結市」的現象或效應時，東西吃起來大多都有一定水準，而且各有特色。這裡的饅頭確實，值得一試！

美味小三寶，澎湃、扎實，百元有找

除了名氣已經很響亮的「東港三寶」外，另有「小三寶」是來東港的三種不吃不可，小三寶即旗魚黑輪、雙糕潤和肉粿。除了前面已經提過的旗魚黑輪，文史工作者陳進成老師研判，雙糕潤和肉粿應該都是從台南傳過來的。例如肉粿的來由，據說就是一位嫁到東港來的台南媳婦，因為想念故鄉的小吃，遂把「碗粿」再加以改良成為「肉粿」。

不管這傳聞真假，肉粿是糯米漿蒸成粿後，切成條狀，再加上香腸、豬肉、櫻花蝦等配料，最後再淋上濃郁的湯汁而成，並不像台南的碗粿直接把米漿加上配料放在碗上蒸熟而成，在外觀肉粿是湯的，搭配的料讓人一目了然，和碗粿截然不同！

雙糕潤也是糯米作的甜點，相傳是討海人為求方便，出海時帶在漁船上，準備拿來充飢的東西。最早原味是以黑糖為餡料，現在則是各種口味都有，從黑糖、紅豆、花生、南瓜、芋頭、山藥、地瓜、紅棗桂圓、甚至枸杞艾草等，想得到的都有。你可以看見店家把各種口味雙糕潤，一堆一堆地置於裝飾成「小花車」狀的貨架上，任消費者挑選、組合，大概是希望讓他們也能享受自行搭配的「創作」樂趣吧？但即便如此，據說大部份的東港人，還是比較鍾情於原味的黑糖雙糕潤。

我總覺得，美食小吃發達的地方，在地文化必有可觀之處。至少，我們常

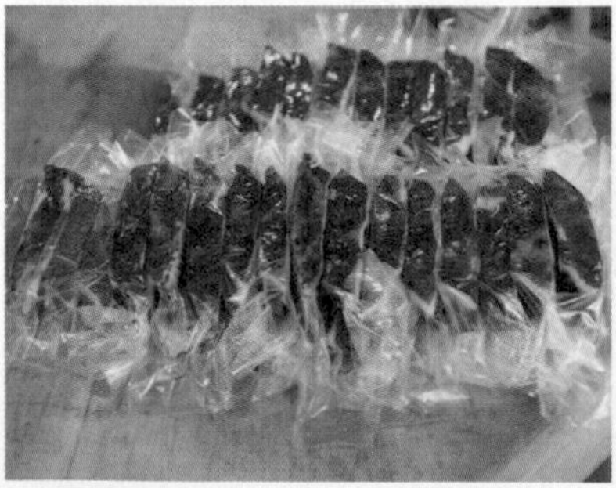

東港小三寶雙糕潤

東港肉粿（上）與大腸香腸煎（下）。

常可以從一地對食物的處理方式、或對味覺、口感的要求上，略窺當地的民風與性格。這雖不是正經嚴肅的學術研究，但卻是一種不失有趣的觀察角度。

就好比馬可波羅把中國的餡餅帶回義大利後，卻變成了Pizza，剛剛提到的肉粿與碗粿，其「配料」與「餡料」，一在「明」一在「暗」的差別，大約就可以想像東港這邊直率爽快的性格。同樣的狀況也看看我愛吃的第二市場內的香腸、糯米腸、粉腸「三腸綜合盤」，你也可以隨性單點或任選二腸作成「二腸綜合盤」，這裡可不玩「大腸包小腸」那一套！大家一視同仁地切片裝盤，來個共體時「煎」，完全沒有誰併吞誰的問題！

海鮮飯湯，在地人最愛的味道

最能表現東港性格的應該是「飯湯」。東港的「飯湯」內容通常有：米飯、柴魚高湯、鮪魚塊、魚丸、魚板、蝦仁、櫻花蝦、筍絲等。這麼多種的湯料不是那種小氣的一碗裡面出現一兩塊讓你必須翻找才吃得到，而是每一口、每一匙都實實在在的吃到。當地人喜歡拿它當作早餐，但我要說份量實在不小，而且還可以加湯。不理解的人會把它叫作「鹹粥」，但吃或至少看過的話應該都心裡有數，它既不是米飯和配料一齊烹煮的粥，也不能叫稀飯，它可一點都不「稀」。它就是一點不囉唆、活生生地讓你看到，湯加飯。你可以說這是當地人個性耿直的表徵；或是「君子和而不同」的一種隱諭——但總之，別扯遠了，快趁熱吃！

炸蚵嗲是在地排隊美食。

來到城隍廟前的「炸蚵嗲」，這除了是許多東港人熟知的好味道，也常吸引許多遊客會在此排隊掛號的知名小吃。實際上這兒的炸物除了蚵嗲，還有肉捲、鹹粿、杏鮑菇、秋刀魚、炸彈魚、蝦捲和花枝等。老闆每天會費工地熬煮一鍋用大骨和炸彈魚做湯底的味噌湯，免費讓客人享用；此外，搭配炸物的醃漬蘿蔔絲、香菜等配料也給得很大方；就連米漿、薑泥、蒜泥、醬油、辣椒等所調配而成的醬料都是用碗裝的，更顯大器！望著眼前一盤成堆的炸物，饕客除了過癮，當能感受到漁村豪爽的一面。

飯湯是東港的庶民美食，一碗就能吃到各種在地特有的湯料。

第二市場一帶是肉丸激戰區，每家各有擁護者。

慢遊，才能品嘗小鎮的真實滋味

當然，要點東港的特色小吃時不能漏了肉圓。屏東肉圓原本就是跟彰化肉圓齊名的地方小吃。在東港它是一顆售價十元的小肉圓，招牌上寫著「肉丸」。許多人可能會稍感困惑：剛剛不是才說東港小吃有豪邁的特質？怎麼偏偏其肉圓生得如此嬌小？但我以為會有這種反差萌其實並不矛盾，男女老幼，每

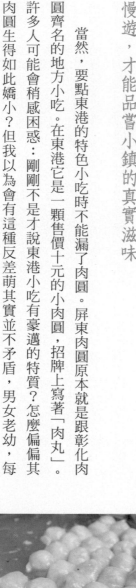

個人的食量不儘相同。肉圓雖小，但正好方便顧客自行斟酌要吃幾個。所以這可說是一種「進退有節」或豐儉由人的務實態度。

所以必要時，小肉圓也可以吃得很豪邁、痛快。任職海濱國小教務主任的蘇煌文老師就說自己小學六年級時，平均每次都能吃上八、九個！當年他每逢週末都必須舟車勞頓地到高雄市補習，每次回來時蘇媽媽就會帶他去吃肉圓，頗有以此來作為他乖乖去上課的「犒賞」的意思。當初補習學了什麼可能早忘了？但肉圓的滋味，他到現在卻還記得清清楚楚。有歷史的小吃就有這種功能，它總能和人生經驗作連結，這只有慢下腳步在小鎮停留才有機會品味，匆匆來去的觀光恐怕是難以領略這樣的滋味了！

吃吃喝喝了一天發現：好像都還沒真正「玩」到，夜幕便已低垂了呢！儘管還有許多傳說的美食還來不及品嚐，但不要漏了還有許多是「越夜越美麗」只現身於「宵夜場」的人氣小吃。幾次來東港，我不會錯過營業時間只有早餐和宵夜兩個時段的碳烤饅頭！但畢竟，一個人的食量有限，暴飲暴食並非一種美德，旅人出門在外，要為明天的胃口預留空間！而由此我們也可以發現：光是美食之旅，已足以令人在此多留一天！更何況，我們還要繼續在東港逛逛，再去探索、發現一些美食以外的新奇事物！

碳烤饅頭是個人偏愛的深夜食堂。

延伸閱讀

東港溪畔觀光核心區，變身更好逛

改善動線舊翻新，華僑市場有吃有玩

東港是台灣第二大漁貨產區，近海遠洋漁業發達，是近海現撈生鮮漁貨最大集散地，加上位於觀光樞紐地理位置，鄰近小琉球、大鵬灣等風景區，近年來遊客大幅成長。

而渡船碼頭旁的華僑市場更以產地直銷、物美價廉的特色遠近馳名，老市場因年代久遠、設施老舊，動線不佳，也產生衛生安全的疑慮。為發展東港漁業觀光，屏東縣政府規劃市場遷建，但改建期間臨時安置及改建後後續的進駐問題因意見歧異，屏東縣政府從二〇〇七年起積極協調漁會、攤商尋求共識，在二〇〇九年七月順利展開改建工程，二〇一二年改建完成後，市場再由觀海樓前臨時安置地遷進直銷中心營業。

改建後的華僑市場「東港漁港漁產品直銷中心」，佔地近一千五百坪，二層樓建物主體，容納四百個攤位，分為鮮魚區生、熟食區、漁特產區及美食區，除了有琳瑯滿目的生猛海鮮美食，頂樓還可以觀海吹海風、欣賞展演，享受漁港風情，明亮潔淨的採買環境大大提升了觀光漁市的意象。

華僑市場

東琉碼頭區形塑休閒水岸風情

縣府近年積極打造東港與大鵬灣、小琉球風景區成為觀光金三角門戶，從二〇一〇年起陸續向交通部觀光局共爭取八千五百萬經費推動「東港水都風華再現計畫」，完成整建沿岸的「公九」河濱公園、海之坵觀海台近兩公里長水岸，第二期再接續辦理進德大橋以西至華僑市場週邊景觀改造及進德大橋夜間風華工程，形塑東港的水都風華。

小琉球旅遊正夯，屏東縣政府努力解決東琉線候船空間嚴重不足等問題，二〇一三年編列了五仟萬元預算，整體規劃整併公、民營候船室整併為東琉旅遊服務中心，讓乘船旅客有個較為舒適的候船空間。建物外型元素參採具歷史記憶、已廢棄許久的製冰架造型，使用V型格框與玻璃帷幕，面積更將較原公、民營候船室增加五倍，二樓觀景平台可遠眺進德大橋燈光秀及河岸風光，打造東港溪畔左岸帶狀風情，成為觀光新亮點。

海之坵

08

延平老街歷史散步

「有沒有看到牌樓上頭，兩側各寫著『風調』及『雨順』？你仔細看看有什麼不同？」站在東隆宮前，蘇煌文老師指著那個據說用金箔貼成、而顯得金碧輝煌的黃金牌樓說。「你有沒有發現那個『風』字，少寫了一點？其實那是故意的！因為討海人總是希望，風，能少一點。」經過蘇老師的「指點」後，我突然感覺，方才還顯得莊嚴肅穆的牌樓好像一下子活潑了起來。而牌樓上那個少了一點的「風」字，則似乎正俏皮地對著我眨眼睛。

木日水巷飯湯講古

即便吃吃喝喝是引誘我們出門主要的動力之一，但觀光旅遊不見得只有吃吃喝喝，很多時候，它也可以是一種富含知識趣味的心智活動。在不斷的發現旅遊地點的「歷史感」和「故事性」，然後讓自己在「啊！原來如此」之後，彷彿知道了好朋友的小祕密，而有情感的投射與認同。

要知道小祕密當然要問當地人囉。位在老街上由蘇煌文老師所主持的「木日水巷人文空間」是個很好的開始。所謂「木日水巷」，是把「東港」二字的拆解，有了在東隆宮黃金牌樓「風少一點」的初體驗，可以很快就可猜出此「字謎」。站在門外，你會先被屋旁窄巷兩側，色彩鮮豔、而充滿童趣與漁村風情的壁畫所吸引。那是蘇老師為了活化此地的延平老街，而邀集近三十名志工，靠著義賣文創商品所得，將此巷弄重新粉刷的成果。

「木日水巷」內部顯得古色古香，蘇老師說是由蘇家舊宅整理而成，牆上的老照片、迎王祭典的旗幟等文物，則讓此空間更像座「藝廊」。我們在就坐在一張「神明桌」旁，一邊吃著蘇老師剛從外面買回來的「飯湯」，一邊天南地北地「開港」起來。當然先從「木日水巷」開始談起：「當時是黑鮪魚季的第二年，東港一下子成為全國媒體關注的焦點。但我們覺得媒體似乎只關注到東港『華麗』的那一面，而一些其他例如鎮上文化卻沒受到相對的注意，所以就和一些年輕人合作，共同來做社區營造」。在東港影響庶民行事曆的大事不是鮪魚季，而是三年一科的迎王，迎王那一年必然以迎王相關活動為主，其他時間，蘇老師和夥伴們就栽進社造、生態保育等議題中。

木日水巷外的魚仔彩繪，畫著東港的人文歷史。

蘇煌文

跟著老地圖讀東港故事

「這裡是延平老街，街上的屋子前面是店面，後面就是海港。」蘇煌文拿著一九三四年的舊地圖說明東港街市的變化。「東港在日治時期就頗為繁華，而且從當時的建築、市街可以感覺到，日本人對東港的經營有他們的一套。」他說，全東港在八八風災時只有三個地方沒淹水：原本是水上機場的大鵬灣營區、以往是日本軍官宿舍的共和社區、還有位於現在海濱國小內的神社。而恰巧這三個處都是日本人在東港的重要據點，回頭看來，當初日本人在基礎建設的選址和建造算是用心的。

「木日水巷」蒐集不少當地耆老所捐贈的文物、老照片，在過去生活中平凡無奇的東西，經過歲月的淘洗，便顯得彌足珍貴。牆上有一幅組合式的黑白老照片是以前漁船申請漁業執照時，所留下的五〇年代老漁船照片。照片中除了顯示當年船隻的外觀，也可以看到當年東港漁港的地形地貌，漁船背後的製冰廠等建築物現已荒廢或不復存了。而要維護這些文物，實非易事，蘇老師表示，工作室已經整修很多次，八八風災時工作室水淹及腰，一樓當時是圖書室，許多珍貴圖書全部都泡水毀壞。對投入文史工作的人來說，「上窮碧落下黃泉」地蒐集文物不是最辛苦的，怎麼「居安思危」地想辦法保存它們才是最大的考驗。

在台灣各地的大城、小鎮裡，有許許多多像「木日水巷」這樣的地方文史

海濱國小內仍留有
日本神社的遺跡。

工作室、以及文史工作者。他們多半對當地風土民情瞭若指掌，但著書卻從不為稻粱謀；他們可能研究寺廟，但卻從不求聞達於「廟堂」；他們不會鎮日在媒體上「憂國憂民」；但心中想的、手上做的卻實實在在都是「愛鄉愛土」的苦差事——雖然他們大多樂在其中。旅行中有幸能聆聽他們的導覽，絕對是一趟幸福的旅程。

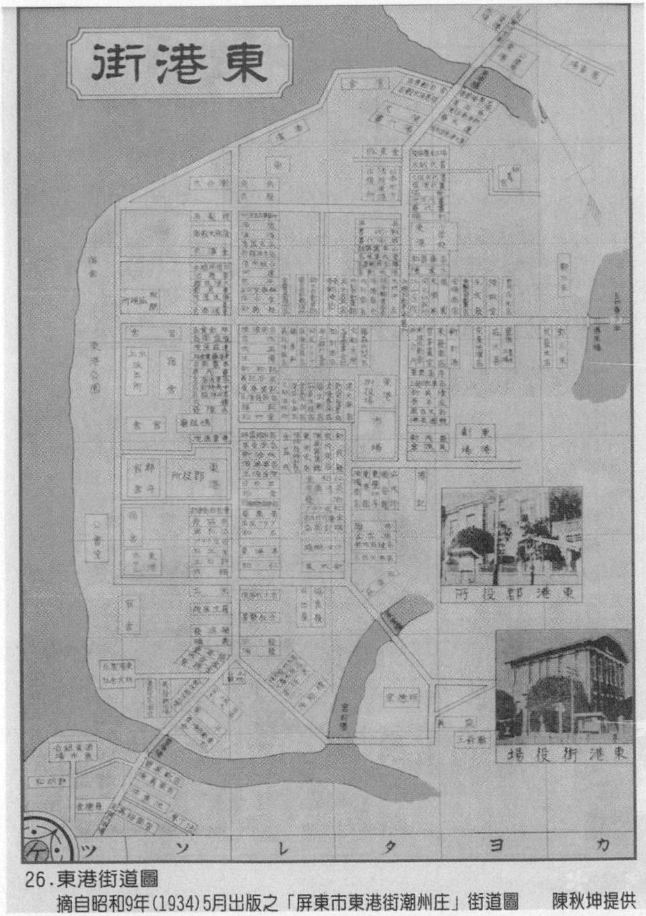

26.東港街道圖
摘自昭和9年(1934)5月出版之「屏東市東港街潮州庄」街道圖　陳秋坤提供

東港在 1934 年就發展出繁榮的街廓。（翻攝自蔡誌山校長編印之「戀戀東港」鄉土教材）

東港既有傳統漁村風情；又有林蔭扶疏的花園街景。

游向台灣海峽的熱帶魚

第一次來到東港的旅人，行走在今日高樓林立、車水馬龍的東港市區時，很可能會大大顛覆了你對「漁村」的刻版印象。羅馬不是一天造成，東港的熱鬧繁華也有它的背景。「你可以說東港是個漁村，但其實東港本身的地形就像一條魚，一條菱形的熱帶魚。」在中山路上，一家大型、現代感十足，一點都不漁村的咖啡館裡，聽耆老說東港老故事真是特別的經驗。

退休的東港大潭國小校長蔡誌山先生，對攝影及地方文史都頗有研究，他用一尾魚來形容東港的輪廓：「魚的肚子就是大鵬灣，魚的嘴巴就是我們的港口，然後那個魚的眼睛就是我們行政中心的地方，所以這整條魚大概就是東港的意象。」若在地圖上把東港鎮界清楚地劃出來，果然真的有如一條游向台灣海峽的熱帶魚！——不知道第一次聽到這種說法的在地人（或遊客），會不會有種「不識廬山真面目，只緣身在此山中」之嘆？

多數人對東港的印象是局部的，蔡校長告訴我，整個東港其實很明顯地分成：漁業、商業和農業等三個區塊。漁業區就是從港口往西往南延伸，包括南平里、嘉蓮里、豐漁里、興漁里、盛漁里、鎮海里、朝安里、東隆里等，大約就是魚頭的部份是屬於漁業區；而漁業區則被商業區所圍繞，算是魚眼睛及魚鰓的部份；然後農業區就最大，包括整個外圍，也就是魚身。現在一般遊客來到東港觀光，其實大多只是看到商業區，和一小部份的漁業區。所以，這樣難免會有點「以偏概全」，而認為東港不像個「漁村」了。

「其實，最早的東港不是現在這裡，而是在對岸的新園鄉。古時候那邊才叫東港，這裡是平埔族加藤社。」一頭埋入東港地方文史研究超過二十年的陳進成老師說。「為什麼後來會遷到這裡？根據日人伊能嘉矩的描述，在清同治初年，舊東港發生嚴重水患，七百多戶居民中有四百多戶被淹沒，後來才遷至現址。一直到同治十一年才形成東港街。所以在文獻史料中，若在同治之前提到的東港，指的都是新園鄉鹽埔村一帶。」

鮪魚產業從日本時期開始

陳老師說，東港在清代時並非漁港，定位比較接近貿易港，或者安平的副港，安平港水位低時，大型船便可停到東港，作為轉運站。這是因為當時東港溪和高屏溪兩溪的出口非常寬闊，可以在當地卸貨，貨物可以再透過陸運到達台東、旗山等地，所以東港在清代的貿易地位可說十分重要。後來日本人因開發高雄港後，貿易港的功能轉移到高雄，並開始在小琉球與東港，教當地人如何造船、捕捉鮪魚。而東港鮪魚、旗魚以銷往日本為大宗，淵源也是從此而來。

大致觀過東港的地理、歷史概況，對本地的人文背景也有了較具體的輪廓。如此在東港走逛，應該較能體會小鎮吃喝以外的魅力。當然，如果有「在地達人」帶路，那肯定又是別有一番滋味了！就讓我們放慢腳步，在此一邊閒晃、一邊去尋訪屬於東港的「小城故事」吧！

那麼，就從延平老街開始吧！

延平路保留許多日本時代老建築；相鄰的頂中街轎班為迎王祭典七角頭之一。

東港老街分為頂街、中街、下街。在過去是以「職業別」來區分的：中山路到東港溪河堤這段的延平路，屬於頂街；中街則是延平路從中山路另一頭到媽祖廟、派出所路口，以往中街甚至還細分頂中街、下中街；從福安宮一直到東隆宮算是下街。有趣的是，據老一輩的說法，當時只要是販賣米、碗盤等較重的貨物的店家大多聚集在頂街，這是避免牛車運送太遠；中街則有醫生館、化妝品、布行等，這些不太需要運送重物的行業；下街因為離漁港較近，大多是討海人。而老街從以前，就是以中街最繁榮，有菜市場（第一市場）、商展場、夜市等，從空中看起來形成了一個「五」字，所以又被稱作五字街。在日治時期，頂、中街是不准養雞養豬的，否則一被抓到便會遭鞭刑、沒收。下街可以養雞、豬，是因為當時光復路的大排可以排汙。

到了今日的延平老街，當然已不像過去那般「職業儼然」，但在這裡仍有許多中、西醫院、藥房散佈其中，而被稱為「醫師街」。而老街上留有許多日本大正、昭和年代的老建築，則是遊客到此參觀的重點。當初日本的一些建築師、老師傅，來到了這裡，紛紛發現自己可以一展身手，可說是把延平街當作一個建築美學實驗場，所以在老街，你可以發現有各種不同的建築風格。

不過由於許多原屋主都早已移居他處，所以目前許多老建築是處於「半荒廢」狀態。而即使是公有建物，往往也面臨著保留與重建的痛苦抉擇。例如老街上的派出所，是日治時期的「東港郡役所」，當初要整建曾引起地方人士的反對。但內部許多木構造的部份都已腐蝕，為了安全因素只能拆除重建。但所幸後來還是依照該建物的原有風格重建。而到了現在，遊客還是可以看到，派出所前的圍牆上，還有上面有 TR 字樣的紅磚，就是舊建物留下來的。

東港郡役所依原來風格重建為派出所，只留下部分外牆。

除了老建築，老街上的媽祖廟「朝隆宮」是社區中心。東港媽祖廟最大的特色是，台灣其他地方的媽祖廟大都「面海」，東港的卻是「面市區」。在地人表示，這是為了要照顧本地的生意人所致。「蝦米媽」名稱的由來有各種不同說法，較為常見的是當初在建媽祖廟時，適逢農曆三月媽祖誕辰，東港外海會跑來大批蝦子。不論由來如何，今日即便五字街繁華淡去，朝隆宮仍舊是東港人最重要的信仰中心之一。

台灣許多地方都有「老街」，尤其是一些頗有歷史的觀光小鎮。但經常在國內旅遊的人就知道，所謂「老街」幾乎只有一個套路，元素大概不外乎就是：一條劃為行人徒步區石板路、不限國藉的民俗表演、還有幾乎把全台特產包山包海的名產店，然後會出現仿古裝璜的餐廳、茶藝館，侍者必要時穿著袖口寬大、不知屬於哪個朝代的服裝等等。

讓人鬆一口氣的是這些在延平老街上，完全看不到。但陳進成老師覺得，延平老街的魅力真的需要花點力氣來擦亮，他指出，以前黑鮪魚季時還有專人導覽，但現在已經沒有了。對東港有情感的這些老師們，並不覺得要營造此地變成「新的」景點，反而期望能把老的元素好好整理出來，蒐集文物、老照片，做創意的呈現或融入，讓人在一個舒服自然的氛圍中，走讀老街的故事。

后德門

中華民國甲寅年桐月吉置

帶財改運的東隆宮黃金牌樓

順著延平老街，我們來到下街的東隆宮。

即使未逢三年一科的「迎王祭典」，平常日子的東隆宮還是香火鼎盛。而遊客前來此座以道教為主的廟宇參拜，既可「看熱鬧」（迎神賽會）；也可「觀門道」（廟宇建築之美）；至少，還可以保平安。東隆宮獨特的「責杖改運」盛名遠播，這項「改運」儀式是這樣進行的，信眾若感到自已運勢不順，可至廟中向神明祈求、並擲筊獲得神明允准後，由廟方的「班頭人員」於廟門口前「責杖」，以達到「改運」的效果。在廟門前觀看著這個已經傳承百年的儀式，只見一個個想「改運」的信眾在一旁排隊。信眾心甘情願地趴在地上，由班頭執杖「打屁股」，女性信眾則是跪地接受鞭條鞭打手掌心。雖然有趣，但從他們虔誠、肅穆的表情，你可能會感受到一種聖潔、救贖的氛圍，而絲毫不覺任何戲謔成份！

立於廟埕前的「黃金牌樓」也是遊客到此參觀的重點，特別是其上的金箔層疊，不僅在陽光下顯得氣宇非凡；夜幕中搭配著燈光，更是光彩奪目。雖然當年為了改建此牌樓讓廟方辛苦籌錢，不過這座金碧輝煌的三川牌樓建好後，據說東隆宮香火從此更加興旺！當地人更普遍都認為黃金牌樓對轉動地方風水，至少有為地方「帶財」、甚至「改運」的象徵！

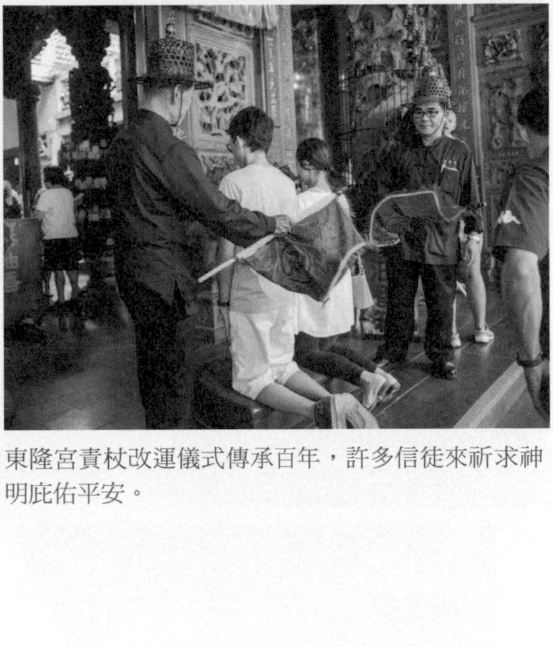

東隆宮責杖改運儀式傳承百年，許多信徒來祈求神明庇佑平安。

東隆宮「風少一點」牌樓氣勢宏偉，在地人認為牌樓為地方帶來好運。

延伸閱讀

從源根治，解決淹水問題

東港因臨海，地勢低窪，若逢大潮及暴雨同時發生時，閘門須關閉，然而市區降雨也因此無法即時排放，一旦遇上山區洪水宣洩而下，往往造成東港溪及牛稠溪水位暴漲，東港鎮低窪區歷年來一再成為淹水的災區。縣府多年來投入東港溪下游段治理，包括東港大橋下游右岸至出海口之治理、東港溪龍港大橋、興社大橋之改建，目前已見成效。

成功路、光復路兩座抽水站完工後減少東港地區淹水面積六百公頃，當地五萬多的居民也可免除長期飽受淹水之苦，東港自此從淹水災區名單中除名。此外，東港溪下游段已成為屏東縣舉辦各項水上活動的場所，鄰近的大鵬灣風景區也正開發中，結合景觀再造的整治計畫配合大鵬灣及東港迎王、鮪魚季打造為區域環狀景點。

光復路抽水站

09 生猛活跳的東港漁家

東港魚市場就位於漁港碼頭旁，市場本身分成四個拍賣場：A棟拍賣場是拖網批發交易市場、B棟拍賣場是鮪旗魚拍賣市場、新建拍賣場主拍遠洋魚貨拍賣市場，另外還有一個櫻花蝦、赤尾青蝦拍賣場。每個市場的拍賣時間均不相同，在不交易的時間，市場會暫時變身為停車場，在市區立體停車場完工以前，疏解大量遊客帶來的停車問題。

識貨人夜間拍賣場搶鮮

東港每天魚貨進出數量龐大，拍賣的盛況非常驚人，尤其像是以東港為主要基地的鮪、旗魚大型漁獲。正式開始拍賣時，只見漁民將一尾尾身形壯碩的魚體，從漁船搬運至市場，再整齊排列於地板上，這景象會讓人目瞪口呆。而交易時間設定於深夜凌晨的拖網魚貨拍賣，同時還會進行一支釣魚貨、養殖魚貨及外地運來之魚貨等的拍賣，是南部各大小海鮮餐廳的老闆、主廚、甚至饕客，前來尋寶、搶鮮或掃貨的聖地。而這通常也成為許多遊客留宿東港的理由之一。

第一次來到東港魚市場，是一個熱天的午後。逛完人聲鼎沸的華僑市場，散步走往漁港碼頭，來到正值拍賣結束不久、地板剛清洗完畢而顯得濕漉漉的魚市場，對比剛結束的熱鬧嘈雜，空曠的巨型棚架內顯得格外寧靜。而沒有人員、機具的人馬雜沓，只有不遠處，停靠在碼頭旁的三、兩艘隨著波浪略為起伏的漁船，使得整個空間，難得有一種悠閒、慵懶的午休氛圍。你不用因為沒趕上觀看魚貨拍賣而感到惋惜；作為一個「隨遇而安」的漫遊者，反而會有種「柳暗花明又一村」的意外驚喜。在安靜中，環境還是留下許多線索，讓你反而可以從一塊塊的拼圖中找到「發現」的樂趣。

在鮪旗魚拍賣市場雖然是休息期間，仍然可以看到停了好幾部俗稱「山貓」的堆高機；而靠近碼頭的一側，也有幾部固定式的起重機。從沒想過的重型機具出現在此，才會想到魚市場搬魚竟要動用堆高機、起重機，實在讓人感到震撼！特別是與平日在菜市場，跟魚販論斤計兩的買魚經驗相比，到東港魚市場可真讓人見識到什麼叫作豪氣！

停靠在岸邊的漁船，幾位外藉漁工在上面休息。只見他們把換洗衣物吊掛在甲板上晾曬的居家模樣，看了應該多少能體會到幾許討海人「四海為家」的漂泊況味吧？現在的漁船上，除了船長是本地人，其餘大多是外籍漁工。所以在東港鎮上，我們經常可以遇到五官明顯不同於在地人的漁工，操持著我們可能感到陌生的語言，騎著單車閒晃；而漁港附近，則是有好幾家招牌寫著異國文字的商店、餐廳，除了滿足他們日常生活所需，應該也是他們抒解鄉愁的精神寄託吧？

水岸冰塢，帆檣林立的特殊風情

漫步在漁港、魚市場大致可以略窺本地漁村風貌之一二，然而東港之所以為東港，不是拍賣場大、漁船多的表象，但是若沒有了「東港三寶」，或許東港就只是一般的傳統漁港了。

黑鮪魚由於捕抓不易，本身又多以外銷日本為主，早年除了逢年過節拿出來作為招待親友的珍饈佳餚外，平時當地人是捨不得吃的。即使沒有黑鮪魚季造成熱潮，黑鮪魚對東港漁業、乃至於漁民的生活而言，也是意義重大！尤其在外銷日本極盛時期，黑鮪魚不僅影響著漁家生活的作息與型態；更是連帶地造就了造船、製冰這些相關行業。

儘管現在的漁船內部早已有冷凍系統，但為了保持漁獲肉質不被破壞，漁船仍需要大量要碎冰。因為黑鮪或旗魚在冷凍庫中，從冰凍到解凍時，溫度會不平均，所以漁民在船上會先把魚肚剖開，取出內臟再塞碎冰。因為是因應漁船專用，東港的製冰廠大多依水而建，多分佈在豐漁橋下的側岸。這也讓岸邊形成特殊的「冰塢」景觀，方便製冰廠將冰塊在此打碎後直接投入船艙中。現今部份製冰廠不再運作，但來到豐漁橋下欣賞一座座立於水岸的冰塢，交織著一片帆檣林立，如此豐饒繁盛的漁村風光讓人感到驚豔。

新生一路上，則另有一些面向街道的製冰廠，主要是提供碎冰給魚販、餐廳等非漁船顧客。只見每家冰廠前都有一條繩索，顧客要購買碎冰時，就直接將車子開到店家於門前設置的大漏斗下，並拉一拉繩索，裡頭就會發出噹噹噹的聲音，老闆聽到之後會問顧客要打幾「支」，「支」指的是冰塊的單位，然後冰廠會先把指定數量的冰塊打碎，碎冰就從漏斗流出直接倒入貨車上。

這個ＳＯＰ雖然和專門服務漁船的製冰廠大同小異，一般人畢竟沒有開船的經驗，大概要親眼看見這種專門服務汽車的製冰廠時，才會知道原來連製冰廠早就發展出「碎冰得來速」吧？不過，此處賣的碎冰是保存漁獲用的，不是讓人直接拿來生吃解渴的喔！

為了魚獲保鮮，東港漁港邊製冰廠（上）林立，發展出冰塢（中）和冰塊得來速（下）的獨特景觀。

東港人對黑鮪魚的愛恨情仇

雖然人人都知道捕魚靠船，一般很難得在漁村裡看到造船廠。東港在過去以木船為主的時代，造船廠分布在後寮溪沿岸，現在的漁船逐漸改以玻璃纖維為主，造船走向工業化，東港的船廠在功能上轉型著重做船隻的維修，新的製船廠，則大多集中到東港溪另一邊的新園鄉塩埔仔了。

而在木船時代，為了提供原料、以及維修備料所需，東港也連帶地出現了不少木材行，這些老行業雖然現在早已不復盛況，但是它們的存在結結實實展現一個漁業原本該有的生命力，帶動的是一般人想像不到的各種產業。現在東港還存在兩家賣竹子的店，則是為了因應外銷日本的需求，怕拖行黑鮪魚時傷到魚體，日本買方便要求在魚的身體綁竹片固定身體，怕皮膚在地面上刮傷，會影響到魚的價格。

後寮溪畔的造船廠目前多只保留修船功能。

然而捕魚這個行業有著太多人不瞭解的學問和艱辛，即使黑鮪魚季效應下讓捕鮪魚的漁民看似風光，多數漁民並不鼓勵子承父業。木日水巷的蘇煌文老師他父親本身就是一個從十二歲小學畢業就開始捕漁的漁夫，老人家認為討海的目的只求家中老小溫飽。小孩長大了，如果有能力就一定鼓勵他們多唸書，去當個公務員，甚至醫生、律師也不錯。他們對下一代的期許，竟然常常是希望他們能脫離漁夫辛苦的生活，因為除了近來漁船在鄰近菲律賓海域作業時，常會引發糾紛，甚至發生被對方扣押、射殺等不幸事件讓這行業「高風險」外；漁源日益枯竭、競爭漁船變多、平均捕魚的成本變高等因素，常會造成許多漁民根本是「虧本」在抓黑鮪魚的情形！

豐漁橋一帶的後寮溪停泊各種漁船，岸邊隨時可見漁夫整理漁具，修補魚網，充滿濃厚的漁村風情。

目前東港及小琉球釣鮪魚的船隻均採用延繩釣。延繩釣就是漁民俗稱的「放滾」，最大特點是沒有釣桿，而是由一條長達幾百公尺、甚至幾公里的主釣線，在上面綁了無線電魚標、旗標或訊號燈等，然後在主繩下再綁支繩，在支繩末端綁上勾有魚餌的魚鉤；由於主釣線很長，魚鉤數量也會從數百支到數千支不等，通常使用秋刀魚或魷魚作為魚餌。這樣的釣法一般放流時間都數小時以上，最少也要兩小時。至於收回釣繩的動作稱為揚繩，由揚繩機將釣繩收回。

但即便如此，據說每個船長都有自己的「獨門秘技」，包括對氣候的觀測、下餌的水深及時機、聲納等附屬設施及器具的先進與否，有些船長甚至還會去買二手的軍用聲納等等。多數捕黑鮪魚的船隻會結伴而行，兩、三艘船一起作業，比較安全。而現在捕黑鮪魚都要受到漁業署、北大西洋公約組織等單位的規範，例如限制區域、期限等，每捕到一隻黑鮪魚，據規定都要記錄捕獲地的經緯度。此資訊會隨著每次的拍賣而揭露，許多漁船都是依靠這些資訊來判斷何時出海的。

當饕客望著美食饗宴，大快朵頤時，要體會到「誰知盤中『鮪』，片片皆辛苦」時。可能會對漁民在船上的生活感到好奇，例如他們在船上怎麼吃、或吃些什麼。東港漁民跟我說，討海人大多是不太講究所謂美食的！尤其是

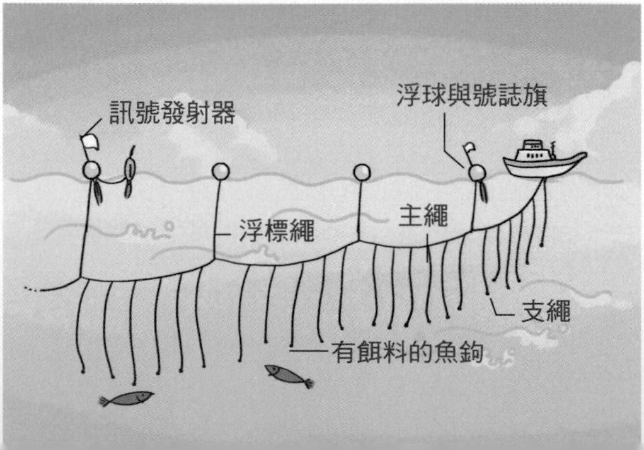

延繩釣

在船上作業，通常忙到三餐無法正常，更遑論講究了！例如延繩釣時，每次一下餌可能就得花上六、七個鐘頭，下完餌就得搶時間休息、吃飯，所以他們通常在船上吃的就儘量以簡單為原則。而由於他們出港一次可能好幾天，所以上船前就必須預先採買未來幾天的食材。特別是現在的漁工很多來自印尼，所以在準備材料時就要注意，避免出現豬肉等違反他們宗教戒律的東西。所以即使鎮日與黑鮪魚這種「人間美味」為伍，漁民在船上卻似乎總與美食無緣。

但當船長上岸後，情況可能就略有不同。船長之間常會交換自己的「私房漁獲」，不見得是高價品，但船長們卻都很清楚現在季節，哪些魚種是好吃的。就像鰹魚季節，最常見的漁夫料理是很豪邁、讓外人瞠目咋舌地大塊大塊炸來吃；或者黑鮪魚的魚鰾或魚卵，一般船長就會留下來自用或分贈親友。一般而言，因為長期的船上生活，船長們大多練就一些烹飪技巧，所以上岸聚餐時，自己做幾道下酒菜是不成問題的。

櫻花蝦季節限定

名列「東港三寶」之一的櫻花蝦，除了眾所周知，全世界只有日本靜岡駿河灣和台灣東港有產，而被列為國寶級的海產。宜蘭的龜山島雖然也有捕獲，但數量無法相比。近年來更因黑鮪魚的數量逐漸減少、國際保育聲浪日益強大，屏東極力想要以牠來取代黑鮪魚成為東港指標產業主角。即便沒有接棒黑鮪魚季的重責大任，櫻花蝦在東港出現的過程是非常特殊而饒富趣味。

櫻花蝦俗稱「花殼仔」，當地漁民說，比起他們捕獲的東港蝦、花蝦、猴頭蝦等其他蝦種，早期多數人其實不習慣櫻花蝦的味道，買回去也不知如何料理，所以在國內銷路有限，主要外銷日本。但是隨著國人對美食口味的要求也漸呈多元；再加上日本人一向認為櫻花蝦富含高鈣、磷、粗蛋白質等多項營養成分的資訊流通，讓櫻花蝦瞬間翻紅，出現在台灣各大餐廳的菜單上。

櫻花蝦曾經因為過度捕撈而產量減少，為防止資源耗竭，東港漁民成立了櫻花蝦產銷班自訂自律公約，約束在禁捕期不得出海捕撈，「季節限定」也成為東港櫻花蝦產業的一大特色。

想要捕櫻花蝦有相當的門檻：首先，漁船要先取得拖網執照，這是加入產銷班的門檻。然後，還要有跟著「友船」去捕櫻花蝦的經驗，並且須要經過產銷班班員大會的決議。取得決議通過證明，送至東港漁會，領取入會申請書，再送至屏東縣政府核定，因為縣府規定櫻花蝦捕蝦船上限為一一五艘，若已經額滿就要排隊等缺額。核定通過後，二十噸以下的船，會直接於漁業執照上加注；二十噸以上的船，還必須送至漁業署核定再加注。這麼一趟程序完成後方可合法加入產銷班撈捉櫻花蝦。所以，在東港要從事捕撈櫻花蝦這一行，實非易事，不是人人可以想捉就捉的！

高學歷者搶當捕蝦郎

捕捉櫻花蝦須在一至三海浬以內作業，而根據現行的《拖網漁業管理辦法》，卻規定不能在此範圍內作業。所以「加注」等於是「特許」產銷班的作業區域。此外，產銷班漁船作業時間也有嚴格限制：週休二日是基本規定；在三、四月間，約為七至十五天左右的產卵季節也是全面休漁；農曆年也有休假十至十五天；禁漁期則是每年六月一日至十月三十一日。所以每年真正可捕櫻花蝦的時間只有一百多天。因為捕櫻花蝦的設備不同於其他漁船，所以即便休漁期間，通常不會再出海捕其他魚類。

捕櫻花蝦不論其捕具、儀器或保鮮技術都是高度專業，也是種「商業機密」，所以別處即使有產櫻花蝦，品質、鮮度也不見得能和東港一樣，甚至同樣是產銷班成員，每艘船的技術也都有差別。雖然漁民之間，許多彼此都有親戚關係，彼此會有技術交流，但就像其他行業一樣，同業間是既合作又競爭的關係。

喜歡看魚市場拍賣的人，有機會一定要來看看櫻花蝦的拍賣方式。東港櫻花蝦的拍賣方式獨特，一般漁拍大多由價高往低喊，但在東港是採「暗封交易」，具有承銷牌的人才能投標，投標者先把價格寫在紙條摺好，放在連箱子重量達二十一公斤的櫻花蝦箱上，主持拍賣的人會先從第一張唸出價格，然後往下只唸出高於此的價格，低於前者價格的不唸。而為了使櫻花蝦的價格維持一定的水準，產銷班和漁會會採取數量管制。過去曾經發生過承銷人聯合起來想壓低價格，漁會發現這種現象後，便建議產銷班暫時休漁。承銷人有訂單的壓力就不得不妥協，不再聯合壟斷，讓市場恢復公開競爭的機制。

有別於漁業普遍出現從業人口老化、後繼無人的現象，在櫻花蝦產銷班並沒有發生。漁會發現產銷班不斷有年輕新血加入，其中不乏高學歷者，甚至有高雄醫學院牙醫系畢業生，棄醫從漁。看到東港漁業後繼有人，這應該是當地漁民所樂見的吧？

華麗變身油魚子

說到東港的油魚子，還是得先從烏魚子談起，或是從烏魚開始講起。烏魚是一種迴游性的魚類，先從長江黃河流域啟程，一直到了福建沿海往台灣延著西南海岸南下，然後大概到了恆春的七星岩以後，牠們便開始返回北上，在這段游程中，大概到了東港附近海域時，恰好是烏魚最肥美的時候！相傳東港的先民便是為了追逐烏魚的踪跡而來此定居的。所以最早東港稱得上「寶」字輩的，不是油魚子，而是烏魚子。

後來由於烏魚的人工繁殖技術日趨成熟、再加之全國各地烏魚子的加工業者，也都可以自海外大量進口生烏魚子。這些都使得東港的烏魚子產業優勢不再，而面臨強烈的競爭！所以當地業者只好另尋找可資替代的魚種，企圖突破上述困境。就在此時，他們發現了油魚子——牠們比烏魚子更大更黑，而且味道全然迴異，可說別有一番滋味。

油魚是鰆魚的一種，東港人也稱作「粗鱗仔」，為一深海魚類。由於沒有人工養殖，相對於以人工養殖為主的烏魚，數量自然較為稀少。不過油魚鮮少在東港海域出現，目前油魚子均由遠洋漁船釣獲冷凍返回後摘取，或直接由外國進口魚子。但也正因為油魚不同於鮪魚有漁訊的限制，所以油魚子可說是東港三寶中，唯一一年四季均可品嚐的。

油魚子外形較烏魚子大而厚，所以加工製造過程從清洗、鹽醃、風乾到曝曬，自然也比較費時、費工。由於東港從事此加工產業的人不在少數，當遊客在鎮上閒逛時，經常有機會在馬路上，就可以看到業者將一片片金黃色的油魚子，置於木板曬太陽的獨特畫面。油魚子的食用方式和烏魚子大同小異，同樣都是煎、烤後切成薄片，再搭配蒜苗、白蘿蔔片或蘋果片一同入口。但據說比較內行的饕客會採取不加額外配料的食用方式，以享受其狂野、曼妙的原始滋味！

從烏魚子到油魚子，東港的魚子加工業者，充分展現了其不屈服於外在環境的堅毅與勇氣。他們運用已然純熟的技術作為其「華麗變身」的根基，則為台灣的食品加工業提供了一個充滿想像的示範與啟示！

油魚子手工製作，經過日曬熟成，風味獨特。

10 看見漁村心價值

人稱「Apple姊」的謝貴蘭女士熱情地問我要不要試吃一碗最新研發的「櫻花蝦黑糖挫冰」，我是有點強作鎮定地「欣然」接受，想說這碗可能又甜、又鹹、又冰的「實驗品」真希望我的腸胃不要因此發出太過激烈的抗爭。但當吃完第一口時，我必須承認，不僅完全沒有原先以為的違和感，甚至還覺得滿搭的。

味益用交朋友的方式做生意

加工過的櫻花蝦搭配杏仁本來就甘鹹交織，所以即使加了黑糖，在味覺上並不會不協調；而蝦外裹的薄薄一層麥芽糖遇冰時，口感反而變得更為爽脆。有了這個美好的嚐試後，她要我再試另一種名為「綠茶鮪魚鬆泡飯」的新吃法時，我便顯得毫不遲疑、而義無反顧了！雖然她不居功地表示，這是客人教她的，但這樣不斷地在自家產品開發新吃法、並在包裝上發揮創意的積極態度，已足以令我印象深刻。

東港漁產豐富，這兒也發展出各種加工食品，早期大多做魚鬆、魚脯、各種調味魚乾，這幾年來越來越多人跳出來發展品牌，並且用靈活的創意，讓魚產品加值，也讓遊客帶回對東港的味覺記憶。

華僑市場對面的味益食品以鮪、旗魚類鬆品起家，但更令我印象深刻的是店內處處可見的行銷創意。店內有一張擺滿各種旅遊紀念印章的小桌子，專門提供來到東港的旅客，蓋下他們旅途上充滿回憶的戳記。而在櫻花蝦製品的攤位上，則附有教導客人如何分辨真、假櫻花蝦的看板，讓遊客到此不止

Apple（上圖右）與Milk時常研發創意口味，櫻花蝦剉冰的搭配乍看很衝突，吃起來卻很有層次（下圖）。

是消費，還能長見識；這種種以跟消費者「交朋友」、「博感情」為導向的行銷手法，打破遊客對傳統伴手禮店「生意只做一次」的刻板印象。

除此之外還會發行自己專用的明信片，寄給客戶、朋友。比較特別的是，明信片的內容都會包含鄰近小吃、民宿等店家，以及各種旅遊行程等的資訊與優惠活動，等於是一種「聯合行銷」。透過建立「小聯盟」方式，讓當地店家間的連結更為緊密。而這也是Apple姊後來被許多當地店家稱為「班長」的原因。

整合吃喝玩樂的在地小聯盟

「一開始我們的想法很單純，就是好的東西就要與顧客分享。」人稱「Milk」的劉凱芬是Apple姊的女兒，她告訴我，她常發現有某家肉粿、雙糕潤真的很好吃，但老闆卻可能連電腦、網路都沒碰過，這時候Milk就會在自已的宣傳中，也想辦法將他們一起拉進來，範圍還不限於東港，有時更擴及林邊、佳冬等鄰近地區。「而且，最主要是，我們覺得如果有人把這地方的吃喝玩樂整理起來，讓來此觀光的人能更輕鬆、更省時間，那遊客應該會更開心。」

對觀光客而言，如果光靠一家店可能構不成他再度前來的動力，倒不如聯合其他業者，形成一股力量，讓遊客感受到東港旅遊的豐富，這樣「回頭客」可能就會增加。Apple姊舉聯盟內的一家民宿業者為例，白天安排客人去釣鱸

魚，半夜再去看這裡的「夜店」（指深夜一點半開始的漁拍）等等，當客人覺得每次到東港都有新的東西，連帶地也替自己的民宿作了最好的推銷。

這些行動的起源來自於縣政府的「微笑屏東，陽光南國」計劃，Apple 姊告訴我說，這個計畫讓她接觸了更多年輕的客人和業者，而讓自己能用更年輕的心態尋找東港觀光產業的新動能。

味益將鄰近店家資訊製成明信片送給顧客，讓客人感到揪感心。

觀光工廠從風災中再起

同樣的目標，不同的方法，以魚產加工為主題的「海洋食品文化館」，賣的不止是鱈魚香絲之類的零嘴，還包括休閒、旅遊的知性內涵！政益食品雖然地處林邊鄉，但因緊鄰大鵬灣國家風景區、又是屏東縣少數的觀光工廠之一，所以向來也被遊客視為東港觀光圈不可錯過的一處景點。

二〇〇九年的八八水災曾徹底淹沒了政益食品總經理蔡佳益四十多年的基業，在八八之前政益食品做的是國內各大廠鱈魚香絲、魚鬆、干貝、櫻花蝦及魚乾等食品代工；之後蔡佳益決定要打自己的品牌，並轉型作觀光工廠，降低代工比例。他認為打品牌雖然比較辛苦，但利潤也會相對提高；同時對未來公司的發展，根基會比較紮實。

在災後重建及打造自有品牌的過程中，他對來自公部門的協助也深表感激。當初水災過後，縣府先是協助他們順利取得融資，讓工廠得以很快重新營運。同時也不斷地透過一些輔導計劃，給他們經營或產品開發上的建議。今年他們結合東港漁村王爺的信仰，以漁民希望祈求平安的意念，將鱈魚香絲設計成「籤詩」的包裝，讓消費者加深品牌印象外，也提昇了產品的文化形象與內涵。

政益自創品牌開創外銷市場

在以前做代工的年代，政益幾乎不做外銷的。但為了要打響自己品牌便逐年提高外銷比重，到目前有四成營業額來自英、美、日、韓這些國家。「我很慶幸自已作了這個決定。因為接到許多國外的訂單，讓我能夠較順利地撐過轉型時必有的艱苦過程。」蔡佳益說，外國廠商對食品加工廠，會擔心接單再轉包給下游廠商，所以大多會要求親自來看工廠。像有個韓國廠商就直接拿樣品跑來工廠，要求當場做給他看，而那次政益也很爭氣地在半天之內就完成，就這樣除了拿到訂單、建立了口碑也累積了聲譽！也因為外銷推展開來，才讓蔡佳益決定轉型觀光工廠，把製作流程做成一個整齊清潔的展示空間，也可作為爭取客戶信任的「Show Room」！

政益的觀光工廠一向不限制團體才能進來參觀。常常會有一部車、一個家

蔡佳益

庭、幾個人前來參觀，他們也一樣接待。現在工廠外也有電動巴士站，對自助旅行的人算方便。除了旅遊之外，他最為看重的是校外教學，他認為觀光工廠本身應該也具教育功能，而他也樂於分享自己的資源。

一場風災，能讓人的畢生心血毀於一旦；但也讓人歷經淬鍊、浴火重生。政益食品的轉型故事，不僅為自己在台灣的食品加工界寫下一則傳奇，更提供所有處於逆境的人們，一個不輕言放棄的堅強理由！

鮮饌道的 DIY 體驗非常受歡迎。（政益食品提供）

福灣在家鄉打造綠色百年莊園

有產業努力往外拓展出去，也有人帶著成果回鄉耕耘。福灣休閒莊園董事長許峰嘉，之所以會在這個地方打造福灣，多半是受到自己曾在海南島三亞經商多年，看到那邊有很多五星級 Villa，他覺得東港的環境跟三亞非常接近，當時他就反問自己「如果中國可以打造一個優質的休閒渡假環境，那台灣，我的故鄉，東港、大鵬灣現在正要全面發展觀光，我是不是應該回來共襄盛舉？」於是他當下便決定，帶著兩個學有專精的兒子，哥哥學建築，弟弟學餐旅管理，在自己的家鄉打造起他們理想中的「百年莊園」。

這座位於大鵬灣國家風景區的休閒莊園，最為外界稱道的是一開始就以「綠色環保」的概念出發：從原本一片荒廢的魚塭，經過填土、整地，用一年的時間製做「土角磚」；用兩年的時間蓋綠建築；用三年的時間堆疊石頭路；用五年的時間整地養樹。於是，終於成就了今天綠意盎然、充滿南國風情的「福灣」。

「我常常笑我自己是一個傻瓜，帶著兩個傻兒子灑錢，一路灑到底。因為做這個東西我就預估它八年內大概是不會賺到錢的。前五年是興建階段不用講，但經營的前三年也是一點都沒有賺錢。」許先生自嘲地表示，因為這種生態工法蓋的農場，低密度、低容積量，一開始沒有知名度，所以他對辛苦早有預期：「如果沒有這種阿甘的精神來做，是做不出有質感的東西。」

許峰嘉

以填土為例，農場在填土之前就會先去評估建築物及植栽下面分別需要填什麼土？而且市面上適用且合法的土方價格是來路不明的爛土的十倍，福灣接近兩甲地光是填土費用就花了將近一千六百萬元！

為了要實踐節能、環保理念，讓來到這裡的遊客在室內不用開冷氣就能維持在攝氏二十六度以下的室溫，他堅持採用費工、費時又所費不貲的綠建築，房子的四周會有三層樹；並有出簷一米半到兩米半；屋頂會做四層防水隔熱，所以不會吸熱；園區內的道路不鋪柏油，都是土加石頭等措施；還不怕麻煩地自己製造傳統建築裡具有冬暖夏涼、防火的「土角磚」，堪稱是「現代愚公」。

在地食材樂活心料理

這樣的觀念貫徹到老闆二兒子的餐飲專業。福灣主廚許華仁，他實踐「碳足跡」的概念和「樂活」的生活型態，儘量食用方圓三十公里以內的食物，不要為了吃美食而從海外進口食材。因此食材選用都力求百分之百屏東的農漁業產品。

「對於食材的運用，我力求表現出其原本的味道。」許華仁先生說起他的烹飪哲學。在創意料理的部份，他會從客人熟悉的、或經典的味道中去找靈感，然後在其中替換成屏東在地的、季節的或是非常有特色的食材，做一點

許華仁將屏東豐富的農漁產，運用不同料理手法，創作出一道道視覺和味覺的饗宴。（福灣莊園提供）

點改變，讓客人吃到熟悉的味道，又有一點點的驚喜在裡頭。「例如我們有一個得獎的作品是『芒果鮪魚蕃茄盒』，就是用去皮蕃茄浸泡梅子汁、裡面放芒果和起士、九層塔，和一塊表面炙燒過、切片的黑鮪魚，再淋上義式紅酒醋——其中芒果和黑鮪魚都是在地食材。」雖然我沒當場試吃，但光聽就幾乎令人垂涎三尺！

許峰嘉認為生態保育的概念，要從兒童時期就要開始，保護我們所居住的環境得以生生不息，是世世代代傳承、接棒的事業，每個人有義務和責任將此理念交給下一代。所以福灣在去年度得到「台灣休閒農業協會」的環境生態保育獎時，他就決定，今年開始推動環境生態教育，福灣不僅是個休閒樂活的度假環境，也要成為生態教育的場域。

許華仁

爽遊再延伸

值得造訪的水都旅程

11 馭風行水·大鵬灣

在一個初夏驟雨方歇的傍晚，騎著向民宿主人借來的機車，我來到「鵬灣跨海大橋」前方的公路上，據說這裡晚上會有「光雕秀」可觀賞，這兒已逐漸成為東港夜間活動的熱門景點。當晚並非週末、假日，舉目所及大多是輕裝便著、腳踩慢跑鞋來此運動、散步的在地居民。

跨海景觀橋日夜各有風情

即使不為大橋上五光十色的光雕秀而來，這裡道路平坦、視野開闊，照明充足，再加上不時有兩人一組身著制服的巡邏人員來回穿梭其間，所以雖然地處市郊，但設施完整，的確是民眾夜間運動的理想場所。

橫跨大鵬灣域出海口之上的鵬灣跨海大橋，造型特殊、三向度設計正面看有如鵬鳥御物，側看像是船帆揚起，過了橋之後回頭看背面，則形似英文字母大A。二〇一一年三月通車啟用。它除了是大鵬灣的新地標，也是全國首座、目前唯一一座可以配合船舶進出而設計的開啟式景觀橋，每逢週六、日

和國定假日有「開橋秀」，總是吸引不少遊客來觀賞。而望著雨後光彩奪目、現代感十足的橋身及其倒影所產生的瑰麗景像，如果你曾經見識過從前那個蚵棚、竹筏遍佈、充滿養殖漁業風格的大鵬灣，此刻或許會有種恍如隔世的奇異感受吧？

大鵬灣是台灣唯一一個「單口囊狀」潟湖，面積五三二公頃，水深大約二到六公尺，水域坐船繞行一圈約三、四十分鐘。據推測是早年東港溪和林邊溪自上游夾帶泥沙入海，再經海流漂送與季風作用後所形成。在被稱作「大鵬灣」之前，它也曾有「鰲興港」、「茄藤港」、「關帝港」及「南平港」等名稱。

大鵬灣的潛力不是最近才被發現，日治時期這兒被稱為「大潭」，日本人在大鵬灣建立軍事基地及水上機場，直到目前在潟湖岸邊還能看到機場舊塔台，並遺留一些關於神風特攻隊的傳說。

到戰後改名為大鵬灣，一九七〇年代後發展大鵬灣的觀光時常被提起，但蚵棚和軍事基地遷移不易，直到一九九八年定案，一個水域休閒的觀光藍圖才有了想像，大鵬灣潟湖面積非常大，又有內海「有風無浪」的特質，從事水上活動比較安全，是台灣發展水上遊憩的理想地點。二〇〇二年底縣府與鵬管處協力下終於蚵架順利拆除；而軍事基地則在交通部、國防部協助後將三軍防爆中心遷移至枋山。

每當開橋時刻，總吸引許多民眾前來觀賞。

大鵬灣至今仍可見日軍水上機場舊塔台（上）；
還有一座飛機造型觀景台記憶這段歷史（下）。

環灣車道品味海線人文風情

面積有二五七公頃的大鵬灣國際休閒特區以 BOT 經過十年開發，目前還是個進行式，但是來到這兒，約略可見有碼頭區、海灣區、高爾夫球區、生態區四大主題的雛型。國際賽車場、渡假酒店、文史博物館、主題商店街等設施已經完工。另外還有遊艇港區之水岸遊憩區、大飛機觀景臺、綠水世界等正持續進行。

即便如此，周末假日已有許多遊客迫不急待的來感受水岸休閒舒活氛圍，尤其全長約十二公里的環灣自行車道，是感受屏東海線人文風情的經典路線，也是目前遊客來到大鵬灣最常使用的設施。這條自行車道雖然蓋在平面上，施工卻大費周章，原來大鵬灣一帶以前都是漁塭，開發等於是要在一片爛泥中造路，基礎工程難度可想而知。車道途經大鵬灣「潟湖景緻」、「漁村風情」、「人文社區」、「碧海藍天海堤」、「紅樹林自然生態及濕地」五大特色區域，邊逛邊看的漫遊方式繞行一圈大約只需兩小時，完成繞行輕鬆愜意，只不過車道旁的樹木都還沒長大成蔭，要有點防曬和補水的準備來面對南台灣非常熱情的太陽。

當然，覺得自行車沒有那種競風快感的人，在大鵬灣還是可以如魚得水。大鵬灣的國際賽車場已經完成，如果有賽事進行時，現場可以購票觀賽。我到達大鵬灣那天遇到有車隊包下場地練習，無法對外開放，但是聽著場內風馳電掣的引擎呼嘯，只見場外不少年輕人四處想找制高點探看，賽車對許多男生來說，都是一種夢，永遠都有吸引力吧。

福灣的許峰嘉董事長就認為，他認為大鵬灣的特色是賽車和水上活動。尤其賽車在台灣，一直以來都被視為屬於消費較高、有錢人在玩的運動。他覺得大鵬灣賽車場可以成為讓國人建立起「賽車平民化」概念的開始：「就像以前打高爾夫球，如今都已經成為一般休閒了。現在台灣生活水準提升，汽車都這麼普及了，賽車實在不應該還停留在貴族化的概念。」他覺得要發展成為賽車中心，大鵬灣最好能形成產業聚落集結，例如賽車技術研究、賽車工業、維修廠房、賽車學校建立等，最好能有整體的配套與鼓勵，讓全民來認識賽車，讓有興趣的人可以有管道來學習。

Option盃最速街車賽
零四全國大賽現場

帆船基地扎根水上運動

至於大鵬灣最核心的水上休閒，大鵬灣國家風景區管理處早在 BOT 基地之外蓋了「濱灣公園帆船基地」，這一兩年舉辦風帆船、風浪板的免費體驗活動，例如今（二〇一四）年，他們就在東港、林邊附近的十二、三所國中、小學，舉辦「畢業祭」——讓畢業生來大鵬灣體驗獨木舟，完成體驗者，管理處會頒發證書予以認證；而且，學生若平時來練習獨木舟享有優惠，弱勢學童更採取全額補助，完全不收費。學校校長們也都十分認同，因為這樣除了可以讓學生有個難忘的畢業典禮外，也是讓在這環境成長的學子，對水上活動不致於太過陌生。

同樣的，今年的年的「風帆橫渡小琉球」活動也有許多學生參加，為了鼓勵組隊，鵬管處與教育部、體育署協商，給予比賽成績優異的學生，將由鵬管處與中華民國帆船協會共同認證，將可做為推甄加分依據。大鵬灣風景管理處副處長許主龍希望這樣的活動能夠札根，從附近的學校開始，逐年往全國推展，希望大家對水上活動不再陌生。而當國人從事這類活動的人口越來越多時，除了能帶動整個休閒產業，讓活動本身成為一種國民運動，自然不再受限於「貴族」才玩得起了！

大鵬灣帶來的遠景想像，也許並不遙遠。但就像周末在跨海大橋前方公路上，總有許多人滿懷期待的守候，等著參與那下午五點整，橋面立起的片刻。大家都在等待，等待燈號變綠，終將前往前方的美麗境地。

帆船基地鼓勵在地學生體驗水上運動。

TPE 755
TPE 756
TPE 751
039-
042-
005-

12 低地林邊的與水共生之路

跟著林仔邊自然文史保育協會的鄭婉阡的腳步，走到鄰近林邊火車站的光采濕地，一路她熱心地提醒我，上面的視野較好。當我爬上土坡，望著眼前這片遼闊、且水路蜿蜒交錯有如迷宮的濕地公園，被周遭遍佈一片片的太陽能面板包圍，讓我彷彿置身於科幻電影的場景——而這與我過去對林邊鄉的印象，竟是如此不同？

黑珍珠與石斑魚的故鄉

說來殘酷，如果你對林邊的印象，是黑珍珠蓮霧、石斑魚，那你應該是屬於年輕輩、初出茅廬的遊客；對於那些年紀稍長、對台灣各地風土民情累積些閱歷的旅人，則不太可能會忘記，昔日青春正盛、呼朋引伴前往墾丁的途中，那個海鮮「俗擱大碗」的地方。而即使沒能親自品嚐，也一定有來過的朋友用一種追憶傳說般的口吻，驚甫未定地告訴你，林邊的海產有多物美實惠！

鄭婉阡

時光匆匆，如今林邊的海產與都會區相比還是能讓人吃得開心而不傷荷包。只是多年過去，風生水起，這裡有了比海鮮更加深刻、且激勵人心的故事被傳說。

大鵬灣橫跨東港、林邊兩個行政區域，所以當你從東港沿著大鵬灣，往東南的方向繼續遊逛，就能看到沿途漸漸呈現出一格格的漁塭遍佈景色，此時你應該可以感受到，自己已然到達了這個堪稱台灣石斑養殖重鎮的林邊鄉了！

「小時候林邊跟東港南平里的海岸線除了大鵬灣缺口，是連在一起的，許多同學也都是南平里人。當時我們要走一、兩百公尺才會到達海灘。後來地層下陷，海岸線近逼，整個海灘就消失了，擁有許多年少回憶的海岸變調，我們都感到非常傷心。」曹啟鴻縣長是土生土長的林邊人，對於童年美好記憶，竟不免也終將隨著土地的沈陷而消逝，頗有感觸。

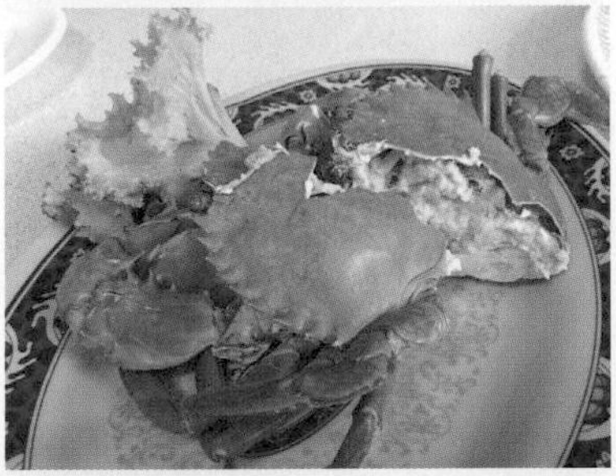

林邊沿台十七線海產店林立，新鮮平價成為一大特色。

林邊長期發展養殖業，過去過度抽取地下水，造成嚴重的地層下陷，不但造成國土問題，也讓林邊飽受淹水之苦，經過實際測量，從一九七二年至一九九九年，共沈陷三．二公尺。後來因停止淡水養殖，轉向淡、海水混雜的養殖，沈陷問題才暫告解除。但由於地層下陷造成土壤鹽化，昔日林邊盛極一時的的稻米、香蕉等作物無法再種植，但在林邊農民「窮則變，變則通」的不服輸精神下，利用含鹽量高的土壤來種植蓮霧，幾經改良後產出了後來被前總統李登輝先生稱為「黑珍珠」、汁多味美的果實。從此「林邊黑珍珠」成了廣受消費者喜愛、市場辨識度極高的水果。影響所及，現在林邊還有一條「蓮霧大街」！

林邊的好天氣對養殖石斑魚非常有利。石斑魚之於林邊，就好像黑鮪魚之於東港。因為石斑魚本身屬於熱帶魚類，在氣溫太低的環境不易存活或生長。而林邊、佳冬和枋寮等地，因為地形之故，海岸線往南過了高雄突往內縮，這讓高雄成為屏東的天然屏障，冬天的東北季風在林邊不致太強，水溫也不會下降得太低。所以與台灣其他地區相比，林邊的養殖石斑不僅肉質較佳，而且一整年都可以出魚。

在林邊有不少土地以前是農業使用地，因地層下陷無法耕作才變成養殖區，卻因此沒有合法的養殖登記證照，縣府近年規劃出「銀放索養殖區」目前以龍膽石斑、青斑為大宗，協助養殖戶解決土地問題，並且在海邊挖深井，讓海水自然溢入，再把水像自來水一樣抽送至養殖魚塭，避免養殖戶非法取用地下水。在解決林邊養殖戶長年的土地和水權問題後，並在銀放索區推廣「優質水產品認證」與「農漁業產品安全全履歷」雙認證，除了企圖讓消費者吃得較安心、健康外；更讓林邊的石斑魚提昇至具有邁向國際品牌的實力。

養水種電、涵養濕地反哺土地

林邊的淹水問題對當地人來說，可說是切身之痛！二〇〇九年的八八水災重創林邊、佳冬等地層下陷區域，導致許多漁塭、蓮霧園受淤泥堆積，損失慘重。根據行政院農委會的統計，林邊和佳冬兩地養殖漁業受損面積即達六〇二公頃，兩鄉農業及養殖業者損失以成本計算約有三十億元，若以市值計算可能近百億。為了帶動災區產業轉型及國土復育，屏東縣政府開始規劃引進太陽光電產業，在災區推動「養水種電」計畫。

「養水種電」是在災後復養難度高的區域設置太陽能電板，並停止抽水以涵養水份。用意是以養水養電的「綠色能源」，取代耗水耗電的養殖業。方式是租用災區土地設置太陽光電設施，讓農民或漁民們還是能繼續藉由土地生產，並保障未來二十年間農漁民可得土地租　及售電　潤，每人每月大約兩萬五仟元。

八八水災出現兩百年洪水頻率的水患後，沒有人說得準，氣候變遷下自然災害的極限會到哪裡；也因此八八災後，許多廢耕地與廢棄漁塭在防災策略和生態保育再生的雙重概念下，規劃成為區域滯洪防災生態濕地，我所拜訪的光采濕地就是其中一例。在當地志工及社區居民積極參與營造下，廣植適宜本區域鹽分濕地的水生植物，來提升濕地生態循環與水質淨化；也可增加生物棲息地；也透過綠美化來改善鹽分地帶的景觀。保有著農村氣息，疏落有致的植物聚落，已經成為林邊兼具環境教育與觀光功能的新景點。

光采濕地成為充滿農村氣息的生態教室。

延伸閱讀

療癒系的水岸田園輕旅行

林邊海鮮太有名了，往往讓人忘記這兒是水草繁茂的田園鄉村，而且有許多療癒系的人文景點與自然環境，可以走出各種不同的私房路線。

想要來一趟林邊輕旅行，可以以林邊火車站為中心點，往北走是人文風采路線，第一站可以來到以往鐵路班工工寮和放置工具的苦伕寮公園，往北再到三山國王廟。了解一個地方飲食文化的窗口就是廟口小吃，廟口的羊肉湯、鵝肉、番薯糖、剉冰等用料札實又好吃。

以往林邊不少地方望族仕紳，因此還保留許多歷史建築，榮農路上的福記古厝是格局完整的三合院閩式建築，窗櫺裝飾、瓷磚拼花、壁角剪黏，都訴說著林邊過去的榮景。北行到竹林村，阮家花園和純仁醫院比鄰而立，阮家花園占地廣闊，歐式庭園內建有一字型洋樓建築，但庭園融合中式江南山水與日式石庭風格，二次大戰時還曾經成為居民避難的防空洞；和斜對面的長勝碾米廠超過九十年歷史，保存有目前非常難得的檜木造碾米機。

而在國道三號北邊的鎮安車站是以往台鐵東港支線的轉接點，如今東港支線廢除，這兒成為沒有站務員的小站。而沿著東港支線舊鐵道兩側則成為一大片濕地，是一處賞鳥秘境。

由火車站往南走則是水鄉風情路線，往南會先來到光采濕地，這裡有好吃又好玩的濕地廚房，可以體驗披薩ＤＩＹ、捕魚籠製作、生態浮島放流，鮮魚野炊，在路的另一邊則是養水種電面板區。往林邊溪口方向前行來到普龍殿，在到達前會看到低調不起眼的窯燒放索肉粽，月桃粽葉特殊香味，緊緊的包裹住飽實的土豆、豬肉、鴨蛋內餡，純樸的滋味根本和林邊的水岸漁鄉渾然天成。

普龍殿主建築非常特別不以水泥興建，而是竹子搭建而成，不過普龍殿最特別的是廣場上一０八座石磨，蔚為壯觀。這是廟裡主祀的池府王爺指示用石磨替代神像，也因此每個石磨上都彩繪有文官武將、仙女童子等圖像，故事充滿傳奇，但景象卻是十足童趣。

林邊海岸保安林到堤防間，隨著潮汐漲退沉積出一片沙灘月芽灣，來到這兒可以在柔軟的沙灘看夕陽，還可遠眺小琉球。而鄰近月牙灣的崎峰濕地是賞鳥好去處。沿著養殖魚塭而行，可以來到田厝村的鴨園坤林家古厝，一度為林邊首富養鴨大戶的大宅邸，卻難逃地層下陷成為濕地中的豪宅，成為當地的特色景觀。

想要深入體驗林邊魅力，可以參加林仔邊自然文史保育協會主辦的一日小旅行、或者濕地、田園、海灘等不同主題的體驗遊程。也可以向協會預約租借單車、及導覽解說服務。

（右起）福記古厝、普龍殿、月芽灣

13

迎王祭典：敬以侍天，誠以愛人的約定

前一科，二〇一二年東港的迎王祭典約有兩百多頂神轎、一百七十幾間來自台北、台東、台中、台南、高雄、屏東等地的廟宇參與。迎王祭典的主要「任務」，是神明（王爺千歲）來到人間「代天巡狩」，是人與神的「三年之約」！

神明每隔三年的考核之旅

一般人透過新聞媒體對東港迎王的印象，最深刻的莫過於「燒王船」（註一）的儀式；在鎮海公園旁的沙灘上，望著王船被熊熊烈火燃燒的神聖而華麗景象。許多不明就理的人，自然而然將之稱作「王船祭」。但東港當地的文史工作者，則再三強調，整個祭典有祈求平安的目的與涵意，正式名稱是「東港迎王平安祭典」。「燒王船」只是其中儀式之一，如果粗略地稱為「王船祭」，是太過窄化祭典的意義，也忽略了迎王對東港居民和文化發展的意義了。

東港迎王祭典儀式隆重，請王（上）與遷船（下）過程撼動人心。（蔡誌山提供）

王爺信仰在沿海地區發展，但在東港卻成為台灣重要宗教祭典的迎王盛事。東港迎王起源，據文史工作者陳進成老師的考據認為應是在清乾隆年間，由中國福建的道士傳來的。一開始應是為解決瘟疫而設的祭典，東隆宮的溫王爺原是唐朝的官員，但是祭典儀式的發展是在清朝，主事者大多是秀才、退休官員，所以採用還是清代宮廷衙門的禮儀，於是就發展出「唐朝官、清朝禮」的獨特系統出來。

而這套迎王祭典儀式的內容既然來自衙門的禮儀，自然是考究又隆重，簡單地說，就是一趟以千歲爺（王爺神）由玉皇大帝授命下凡，巡察人間善惡、並且為百姓驅除瘟疫與魑魅為概念的「旅程」。在東港，每逢丑、辰、未、戌

東港迎王不只在地人全體動員投入，也吸引許多外地民眾參與。（中、下圖蔡誌山提供）

年，皆為舉行祭典之「大科年」，這就是人家說的「三年一科」。近幾科年大都在農曆九月份舉行，日期以擲筊決定，天數由早期的五天，發展至今的八天。然而整個祭典進行，並不是在這短短的八天內，而是長達三年的時間。

東港七角頭擔綱祭儀

既然迎王有點像是王爺神巡察的旅程，這八天的旅程工作分配和責任分工就需要好好規劃安排了。東港依照廟宇所在區域，分成七個角頭（下頭角、頂頭角、下中街、崙仔頂、頂中街、安海街、埔仔角），在迎王祭典就由這七角頭依照抽籤，各自負責不同職務，例如組織轎班負責代天巡狩千歲爺、溫府千歲及中軍府的三組神轎行列，和王船器物肩扛。這種職務分工方式，讓各角頭各自凝聚向心力，由於行之多年，久而久之遂成為東港特殊的「七角頭文化」。

雖然說職務分配完全依照抽籤決定，但某些職務，也不見得大家都輪得到，全憑神明的意志來決定。例如其中的頂頭角，百年來都抽不到地方主神「溫府千歲」的轎班職務。地方傳說是，百年前該角頭抽到溫府千歲時，負責的頂頭角轎班與振武堂大班頭發生誤會，導致衝突所致。老一輩的人非常相信這些傳說，所以據說前幾科迎王繞境的最後一天，該角頭的長輩都會率領年輕一輩的信眾，到王爺轎前祈求王爺寬恕。

蔡誌山

陳進成

此外，「造王船」也是東港迎王文化中的另一重頭戲！由於東港原本就有造船的技術，所以迎王用的王船大多是由當地真正的造船師傅在輪班義務製作，每人輪值三天。在早年非到迎王時，王船是遮蓋起來、不能隨便給外人看到的。但為了能讓信徒在平時也能感受迎王時的神聖氣氛，幾經商議後，在不是迎王祭典時也能參觀了。

全民動員，與故鄉最深的情感維繫

王爺信仰在東港是全民運動，不僅是在地居民的精神慰藉，對外地的遊子而言，三年一科的迎王祭典，也成為他們與故鄉的一種感情維繫。以前因為居民大多從事漁業，到了祭典期間，大家可以放下手邊的工作，共同專心來參與各種祭典活動。但到了現在多數東港人分佈在各行各業，或者離鄉出外工作，無法像過去放下工作，全程來參與；參與者的「年齡斷層」也是一個隱憂。

曾擔任過東隆宮二〇〇三年迎王祭祀的宣傳組組長的蔡誌山先生提出他的願景：希望大家把迎王祭典當成是「東港的嘉年華會」。不論在地人或觀光客，都能在此「神明的旅程」中扮演一個屬於自已的角色，活動贊助者、秩序維護者、導覽解說者或者儀式參與者，成為整個活動的一份子。如此，藉由「參與感」，這個「看熱鬧也看門道」的祭典活動，才可望昇華至一種具有洗滌效果的「心靈之旅」。

小琉球迎王前，要先解密語

小琉球的「迎王祭典」正式名稱是「小琉球三隆宮迎王平安祭典」。早期小琉球原為東港七角頭之一，與東港合併舉行，直到一九二五年才獨立舉行。同樣都是王爺千歲三年一科下凡「代天巡狩」的科儀；但小琉球迎王有迥異於東港的民俗況味。

在籌備（擇日）階段的「觀輦駕」（註二），是小琉球迎王特有的文化習俗。根據擔任三隆宮迎王祭典總幹事的琉球鄉公所秘書蔡文財說，其他廟宇在擇定迎王祭典日期時大多以擲筊請示神明旨意，唯有琉球鄉迎王平安祭典採「觀輦駕」方式。這是指在迎王祭典活動當年的正月十五日先「排設香案」，在神明面前擺設香案、並早晚膜拜；大總理和總幹事必須趁無人之際，寫字數和內容幾個毫無限制的字詞，然後向王爺請示這一科的密函這樣寫是否妥當，必須要擲三個以上的「聖杯」才算確認。這組字詞真的就只有王爺跟大總理、總幹事知道而已了。

密函寫好後便密封在錦囊中置於三隆宮大殿，三天後的正月十八日開始「觀輦」。是由四個人扛著輦轎，位在右邊的第一人會感應到神明降旨（起乩），並在鋪滿檀香的香案開始寫出密函內容，這進行的過程公開、且會讓每個人都看得到。如果寫正確了，一旁負責確認的總幹事就大聲喊「王爺到臨」；但寫錯就退回，沒有一般猜字遊戲那種幾A幾B的提示。等到完全猜對後，才能請示迎王祭典的日期。

這應該可視為神明到人間取得「入境簽證」的一個程序吧？令人好奇的是：在沒有任何提示的狀況下，密函內容寫什麼是怎麼猜中的？如果猜不中呢？

「觀不中就只能繼續觀啊！最長的紀錄曾經觀過三十七天才猜中，而且是從早上八點開始，持續到晚上九點喔！」蔡文財先生一派淡定地說。雖然我到現在還是對此「神蹟」感到不可思議？但看到主其事者充滿堅定的眼神，只能讚嘆所謂「科學解釋」也有其侷限吧？

（上）：蔡文財為三隆宮迎王祭典總幹事。
（下）：通過觀輦轎儀式才能向王爺請示迎王祭典日期

海上遶巡氣勢驚人

不僅如此，「遶巡海島」也是小琉球迎王的特色。在迎王祭的前一天，王爺會先去「巡港腳」，也就是在海上遶境。目的為驅除島嶼海域四周之厄煞，並有保佑漁船出航平安，滿載盈歸之重要意義，這個儀式也為當科迎王祭典揭開序幕。巡港腳當天上午七點之前，參加的船隊會先在海上排列好，順序由抽籤號碼決定，再繞行全島一周。而船隊每一艘船都會有王爺神轎隨行，平均都會有五十艘的船隻加入，遶巡當日在琉球海域上，即可看到眾船旗旗飄揚、氣勢磅礡、十分壯觀。

小琉球和東港最大的不同，也最為遊客津津樂道的，就是這裡還保有古代

小琉球迎王儀式與東港不盡相同，充滿了海島色彩。（蔡文財提供）

王爺出巡時「遊縣吃縣，遊府吃府」的習俗。小琉球分四個角頭（大寮、天台、杉板路、白沙尾），一個角頭負責一天，代天巡狩繞境至該角頭時，家家戶戶門口擺設糕點、飲料、水果、檳榔、香煙等各式食品，免費供人自行取用。中午則每戶準備豐盛點心或午餐供扛轎人員、信徒及香客食用。這四天充分展現了琉球人濃濃溫馨的人情味；和討海人純樸、好客之道。

親愛懲惡，王爺公是討海人的心靈慰藉

而在代天巡狩大千歲暨「三隆宮」三府千歲繞境時，善男信女皆可攔路請求大千歲、三府千歲幫助消災、解厄，或升堂辦案，遇到為善之神、靈，大千歲可御賜兵馬或加封晉升其神職，均有求必應，神準無比，「神蹟」常令人嘖嘖稱奇。若逢善勸不聽為惡之頑靈，只好請出「尚方寶劍」侍候了。

「鄭記琉球香腸」負責人鄭志豐就告訴我，他曾有「攔轎申冤」的親身體驗：因為當時結婚多年一直沒有孩子，所以在前幾科時曾當街攔轎，麻煩王爺公來幫忙。他說，當神轎駕到時，信眾若有事相求，可當街跪下，手持三枝清香，用默念的方式向王爺公稟明。一旦有人跪下，神明就會附體，此時在前方右手邊的抬轎者一定會起乩。「祂會很口語的說祂是什麼神明，問你有什麼冤情或事由。然後就會直接告知解決之道；或者會指示你去找更高階的神明」。許多心理學家都認為，「宗教」或「算命」等行為，在某種程度上，是扮演著「心理諮商」的社會角色。但現在看來，小琉球的神明，不僅能者

小琉球送王儀式場面浩大，震懾人心。（蔡文財提供）

多勞；「服務項目」的多元，實遠遠超過「心理諮商師」所能承擔的職責。聽了鄭先生的親身體驗，雖然仍舊感到十分「神奇」；但對小琉球迎王祭典，卻也多了一分「世俗溫暖」的體會了。

如今琉球人不論旅居台灣各地，或遠洋漁船在巴拿馬、模里西斯、關島、印尼等世界各國，只要三年一度的迎王祭典活動一到，漁民總會將漁船留在國外，人紛紛搭機返回琉球。因為這不僅是地方上的一大盛事；更是琉球人在四海拼博中、安身立命的精神憑藉。

註一：根據文史工作者陳進成老師的整理，東港迎王祭典共可分成十三項步驟，依序是：「角頭職務的輪任」、「造王船」、「中軍府安座」、「進表」、「設置代天府」、「請王」、「過火」、「出巡繞境」、「祀王」、「遷船」、「和瘟押煞」、「宴王」、「送王」等。

註二：小琉球三隆宮迎王祭典總幹事蔡文財整理小琉球的迎王祭典，也分成十三項步驟；但名稱和內容則與東港略有出入，依序是：「籌備階段（擇日）」、「中軍府安座」、「造王船」、「王船進水」、「進表」、「設置代天府」、「王醮法會」、「遶巡海島」、「請王」、「出巡四角頭」、「迎王船」、「宴王」、「送王」等。

14 一尾黑鮪魚對東港的重量

二〇〇一年「黑鮪魚文化觀光季」在東港風光開幕以來，至今已邁向第十四年，雖然東港早已是鮪釣的重要基地，但和如今完全成為黑鮪魚代名詞，完全不可同日而語。這每年一度的系列活動為地方帶來明顯且可觀的觀光效益。

黑鮪成為東港代名詞

且不論跟著魚訊來到東港、小琉球追逐口腹滿足的遊客帶動餐廳、食品等最核心的行業，它的間接效益擴及發展觀光產業所增的工作機會、因應旅宿需求而房地產看漲，還有為了提升旅遊品質而投入的公共建設，例如東琉碼頭遊客大樓、立體停車場、光復抽水站等，這些都將讓東港的市容，有了嶄新的一面。

但在海洋資源日益枯竭之際，尤其黑鮪魚數量年年遞減，黑鮪魚季辦得越成功，縣府受到的質疑就越多，國內外生態保育的聲浪、國際保育組織的嚴

重關切，都讓縣府認真思考，鮪魚季是不是要再續辦下去？「當初我們剛接手時，就有些保育團體希望不要再辦了！」屏東縣政府觀光傳播處鄞鳳蘭處長說。十四年前開辦「黑鮪魚文化觀光季」的時空背景與現在完全不同，她說，初始的黑鮪魚季首開美食觀光的先例，所以它很快地打響全國知名度，但活動十幾年下來，終究不能僵化著原來的思考而不做反想。

鮪魚季建立全國性品牌效益

但是對以海為生的東港來說，黑鮪魚代表什麼意義？我們從一則地方新聞便可略窺一二：當地漁村的習俗認為「黑鮪魚頭朝那裡，財就往那裡去」，前年位於東港碼頭的海之坵地標上的鮪魚造型裝置藝術，被漁民發現重新遷移，但遷移後的魚頭的方向竟轉向大海時，被漁民痛批此舉會讓漁獲跑光光，逼得東港區漁會不得不趕緊將魚頭轉向東港鎮才平息這場爭議！對於東港人來說，牠更被視為「黑金」，是依海維生、與海拚搏的討海人以辛苦血汗為代價的一種財富！

明白了黑鮪魚對東港漁業的重大意義；同樣的，「黑鮪魚文化觀光季」的意義及影響力，也不僅止於一個地方小鎮的行銷，它一舉創造了全國的知名度，成為一個「總統級」的品牌，這樣一個品牌，縣府不敢輕言捨棄。從二〇〇一年開始連續五年的黑鮪魚文化觀光季，陳水扁總統都親臨造勢。「老實講，我認為黑鮪魚文化觀光季會這麼紅，是因為阿扁總統。」鄞處長以媒體的角度來分析：「從第一次開幕他就進場，總統一來，鎂光燈、電視台就跟著來，總統扛魚的畫面，這種印象是會深植人心的。」

消費熱潮後的反思

然而，時移事往，儘管媒體年年炒得沸沸揚揚，但對另一群東港人來說，所謂媒體效應，就像是昨天的報紙一樣，功能可能只剩下用來包今天的「魚」。關於黑鮪魚季許多不同的聲音，往往也常被淹沒在媒體震天價響的聲浪裡。

「其實黑鮪魚季對基層捕漁人的收入而言，並沒有真正改變多少！而所謂觀光產業，特別是大財團介入的觀光產業，對年輕人的創業反而會造成一定程度的壓制效果。」任教於東港海濱國小的蘇煌文老師，同時也是東港鎮社區藝術協會總幹事、東港木日水巷人文空間負責人，以他對在地的了解提出了質疑：「我們在媒體上看起來，一尾黑鮪魚拍上百萬也許很風光，但真正大部份的東港人，有幾個吃得起？這些華麗的表象，東港人其實是無感的。」他認為真正對東港的優質發展有所助益的，不應該只是短期效益的活動，公部門與民間可以多把心力放在一些像漁市場的污水處理之類的基礎建設，或對東港永續發展更有實質意義。

「以商家、餐廳的角度來看，黑鮪魚季對他們應該是正面比較多；但是就一般東港居民來看，他們所受到的干擾，例如物價、假日擁擠的交通、髒亂的市容等等，卻感覺變嚴重些，影響到正常生活。」投入地方文史工作的東港大潭國小退休校長蔡誌山先生頗有感觸：「東港的海鮮餐廳是升級了，但也變貴了！餐廳從裝潢、餐具到服務品質都提高了水準，而且也多開了好幾家餐廳。這是鮪魚季開始以後，整個飲食文化很大的一個改變。至於說從這個裡面東港人有什麼獲益呢？我只覺得以前我們吃海鮮不用這麼貴的？這大概就是我們會覺得未蒙其利先受其害的最大原因。」

從美食推介在地文化

兩種意見的拉鋸中，縣府只能取其平衡點，以「轉型」為主要思考方向。作法則是「在過去意象中注入新元素」，以漁村感恩文化、海洋資源保育為基礎，創造新價值的美食與旅遊觀光活動。因此，縣府著力在投擲人工浮漁礁、推動禁用三層刺網等保護魚源和生態保育的行動上，甚至和農委會水產試驗所合作進行鮪魚箱網養殖試驗，推廣黃鰭鮪魚養殖，以減少人類對黑鮪魚的獵捕。

同時，帶動觀光的產業行銷還是持續著，但不再強調美食消費，而是聚

近年來鮪魚季逐漸轉型，以櫻花蝦和創意飲食文化為主題。

焦文化深度。觀傳處鄞處長說，他們二〇一一年開始嘗試改變，把東港的七角頭文化拉進來；第二年開始打海鮮群體戰，稀釋黑鮪魚主角的份量；這兩年連主題都改稱「夏季櫻花戀」，宣傳上「黑鮪魚文化觀光季」字變小小的，變成有點像是品牌 LOGO 了。

從「黑鮪魚」到「夏季櫻花戀」，我們除了看到一個「文化行銷」的典範如何轉型；似乎也見證了一個產業與時俱進的必然。對遊客而言，這也許只是在生態保育與觀光樂趣的價值拉扯。但如果我們能體認到，這種轉變關係到一個物種的存亡之秋，那麼該如何抉擇？答案似乎已經非常明顯了！

馬上出發！

交通資訊

前往東港：

・搭乘高鐵

於高雄新左營站下車，轉乘墾丁快線可抵達大鵬灣。需再轉乘往東港市區公車，至屏東客運東港站下車，或搭乘計程車進入市區。

・墾丁快線 07-235-9847、07-862-5388

購票方式：車上付費／可使用多卡通：悠遊卡、一卡通（高捷卡）／櫃台購買

票價：單程 151 元

http://www.taiwantrip.com.tw/Besttour/Info/?id=14

・搭乘火車

高雄火車站下車，轉搭客運至東港：

高雄客運 07-746-2141、07-748-5003

http://www.ksbus.com.tw/schedule/part2.htm

中南客運 07-342-4269

http://www.cnbus.com.tw/route.html

客運乘車處：舊高雄火車站高市願景館對面。

屏東火車站下車，轉搭客運至東港：

屏東客運 08-732-4103

http://www.ptbus.com.tw/tak/shoetaklest.asp

客運乘車處：屏東火車站旁屏東客運總站

・自行開車

國道一號高速公路南下，由小港機場出口沿台十七號公路，過東港溪右轉屏 187 線即可進入東港市區

前往小琉球（東琉渡輪）

・東港碼頭

地址：屏東縣東港鎮朝隆路 1 號

電話：08-832-5806

服務時間：上午七時至下午六時

東琉線交通客船聯營處 http://www.tungliu.com.tw/

（提供線上訂票）

・公營交通船

往來東港東港碼頭與小琉球大福漁港

票價：全票200元、半票110元、軍警票150元、來回票380元。

電話：東港站08-833-7493、08-832-7960，琉球站08-861-1825、08-861-3048。

・民營交通船

往來東港碼頭與小琉球白沙尾港

票價：全票230元、來回全票410元、兒童票120元、兒童來回票210元。

電話：東港站08-832-5806，琉球站08-861-2382。（泰富）東港站08-833-9659，琉球站08-861-3995。

旅遊資訊

i屏東愛屏東（屏東觀光旅遊網）

・屏東縣觀光旅遊資訊、最新活動、優惠訊息

・網址：http://i-pingtung.com/Portal/Default.aspx

屏東縣政府觀光旅遊局

屏東縣合法旅館民宿：https://www.pthg.gov.tw/plantou/便民服務

大鵬灣國家風景區管理處遊客中心

・提供大鵬灣觀光資源展示解說、旅遊諮詢等服務。

・地址：屏東縣東港鎮大鵬里大潭路169號

・電話：08-833-8100

・開放時間：上午九時至下午六時

・網址：http://www.dbnsa.gov.tw/user/main.aspx?Lang=1

・鵬灣跨海大橋開啟時間：
三至九月：每週六、日及國定假日下午五時開啟
十至二月：每週六、日及國定假日下午四時三十分開啟
・鵬灣跨海大橋光雕秀：
三至九月：下午五時至十時
十至二月：下午六時至九時

大鵬灣國際休閒特區
・地址：屏東縣東港鎮鵬灣大道二段 1 號
・電話：08-833-9111
・開放時間：週一至週五上午九時至下午五時
週六及例假日上午八時卅分至下午五時
・網址：http://www.thepenbay.com.tw/

大鵬灣國家風景區琉球管理站
・提供生態旅遊預約服務。
・地址：屏東縣琉球鄉民族路 20-1 號
・電話：08-861-4615
・網址：http://www.dbnsa.gov.tw/user/Article.aspx?Lang=1&SNo=05003636

小琉球生態旅遊發展聯盟
・提供生態旅遊預約服務。
・地址屏東縣琉球鄉中山路 74-1 號
・電話 08-861-3750
・臉書專頁：http://goo.gl/wdlYaC

小琉球觀光發展協會
・網址：http://www.08861tda.org.tw/news.php?action=news-01&nid=6

景點資訊

華僑市場（東港漁港漁產品直銷中心）
・地址：東港鎮朝隆路 39 號
・電話：08-833-9969
・營業時間：每天接近中午開始營業，至晚上八、九時左右（每個月第一個星期二為清潔日公休）
・網址：http://goo.gl/9egwdD 東港區漁會

東港第二市場
地址：屏東縣東港鎮新勝里信義街、新基街一帶

東港東隆宮

・地址：屏東縣東港鎮東隆街 21-1 號
・電話：08-832-2374、08-832-2961
・網址：http://www.66.org.tw/index.htm

木日水巷人文空間

・地址：屏東縣東港鎮延平路 152 號
・電話：0933-622-576 蘇煌文

東港朝隆宮（媽祖廟）

・地址：屏東縣東港鎮延平路 108 號
・電話：08-832-2694
・開放時間：上午四時至下午十時

東港郡役所（東濱派出所）

・地址：屏東縣東港鎮延平路 112 號

東港魚市場

・地址：屏東縣東港鎮新生三路 175 號
・電話：08-832-3121
・營業時間：上午九時卅分至十二時（週五公休）
・網址：http://goo.gl/9egwdD 東港區漁會

東港櫻花蝦產銷班

・地址：屏東縣東港鎮新生一路 53 號
・電話：08-833-6148
・網址：http://www.sakuras.com.tw/

林仔邊自然文史保育協會

・地址：屏東縣林邊鄉林邊村忠義路 8 號
・電話：08-875-3794
・網址：http://ptnabem.blogspot.tw/

美人洞・山豬溝・烏鬼洞風景區

・票價：全票 120 元、半票 80 元、團體 100 元。一票包含美人洞、山豬溝、烏鬼洞三風景區。
・開放時間：上午七時至下午五時三十分

沙瑪基渡假區

・票價：無（訂有低消）
・開放時間：上午八時至下午六時

小琉球三隆宮

・地址：屏東縣琉球鄉中山路 45 號
・電話：08-861-2297

苦伕寮公園

台十七線至林邊鄉轉進和平路，至仁和路左轉直行到仁愛路即可看見

福記古厝

地址：屏東縣林邊鄉永樂村榮農路 8 號

電話：08-875-6733（永樂社區發展協會）

長勝碾米廠

地址：屏東縣林邊鄉竹林村文化路 10 號

電話：08-875-6596

鎮安車站

地址：屏東縣林邊鄉鎮安村永和路 4 號

電話：08-875-6596

普龍殿

地址：屏東縣林邊鄉水利村豐做路 71-1 號

電話：08-875-6596

鴨鋪坤林家古厝

台十七線到林邊鄉和平路直行至成功路，沿成功路看到成功路三巷彎進即可見古厝群落。

全區簡圖

小琉球地圖

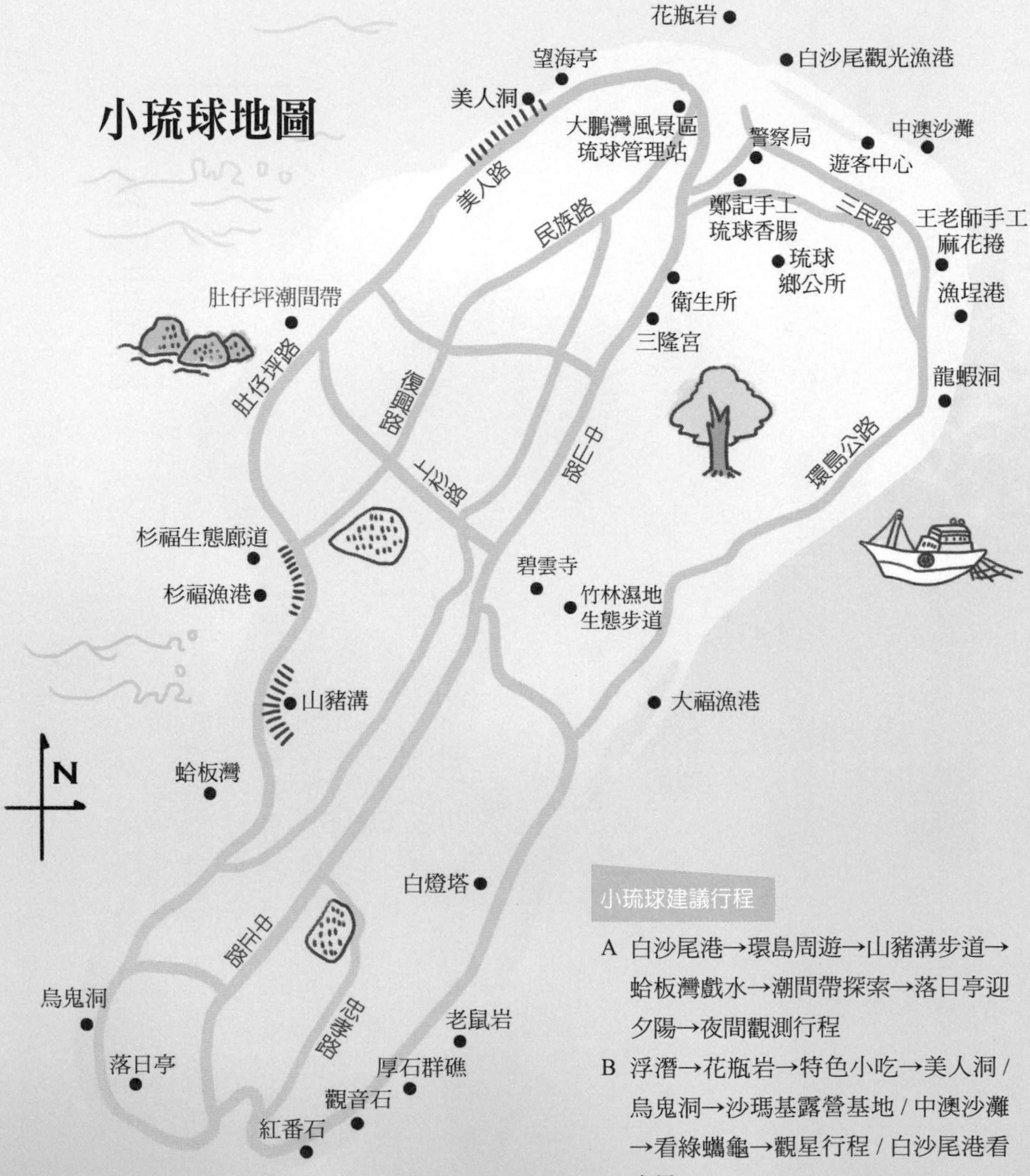

小琉球建議行程

A 白沙尾港→環島周遊→山豬溝步道→蛤板灣戲水→潮間帶探索→落日亭迎夕陽→夜間觀測行程

B 浮潛→花瓶岩→特色小吃→美人洞 / 烏鬼洞→沙瑪基露營基地 / 中澳沙灘→看綠蠵龜→觀星行程 / 白沙尾港看夜景

東港市區圖

東港建議行程

A 高鐵左營站→大鵬灣→華僑市場 / 朝隆路伴手禮→東隆宮→後寮溪漁家風情→豐漁橋→海之坵→光復路海產街→大鵬灣光雕秀→魚市場 (夜間魚拍)

B 第二市場 / 飯湯 / 肉粿→魚市場 (大型魚拍) →魚市場 (櫻花蝦拍賣) →朝隆宮→東港郡役所→木日水巷

林邊大鵬灣地區圖

林邊大鵬灣建議行程

A 林邊火車站→福記古厝→三山國王廟（廟口小吃）→鎮安車站濕地賞鳥→長勝碾米廠→阮家花園→林仔邊工作室

B 林邊火車站→苦伕寮公園→田厝林家古厝→鮮饌道觀光工廠→月芽灣→普龍殿→光采濕地

C 大鵬灣遊客中心→單車環大鵬灣→帆船基地→觀看賽車 / 青洲濱海遊憩區→鵬灣大橋

一個人爽遊：東港 ‧ 小琉球

迷人的海景 ‧ 生態 ‧ 美食 ‧ 人文

書　　名　一個人爽遊：東港 ‧ 小琉球
出版機關　屏東縣政府
地　　址　屏東市自由路 527 號
　　　　　http://www.pthg.gov.tw/
編印單位　屏東縣政府研考處
地　　址　屏東市自由路 527 號
電　　話　08-732-0415 分機 6312

總 編 輯　林淑惠 ‧ 黃麗霞
統籌企劃　洪美華 ‧ 莊佩璇
文字撰述　洪浩唐
執行編輯　莊佩璇 ‧ 張箟
攝　　影　陳柏銓 ‧ 洪浩唐 ‧ 王雅湘
美術設計　蔡靜玫
封面設計　楊啟巽工作室

出版年月　103 年 11 月
創刊年月　103 年 11 月
版 (刷) 次　初版一刷
定　　價　新台幣 280 元
展 售 處　五南文化廣場 (全國五南文化廣場)
　　　　　http://www.wunanbooks.com.tw/
　　　　　國家書店
　　　　　http://www.govbooks.com.tw/

ISBN　978-986-04-2673-1
GPN　1010302376

圖片提供：大鵬灣國家風景區管理處、蔡文財、蔡誌山、政益食品、福灣莊園

國家圖書館出版品預行編目 (CIP) 資料

一個人爽遊：東港 ‧ 小琉球 / 洪浩唐
執筆. －－初版.──屏東縣：屏東縣
政府出版 發行：2014. 11
　面：　公分
ISBN　978-986-04-2673-1
1. 生態旅遊 2. 台灣旅遊

733.9/135.6　　　103021623